销售就是卖服务

Selling the Invisible
A Field Guide to Modern Marketing

Harry Beckwith
[美] 哈利·贝克维斯 著
吴欢欢 译

序

服务是看不见、摸不着的,那么你该如何将服务推销出去呢?

这就是销售服务的难点。

14 年前,我第一次为某家服务公司撰写广告词时,首次意识到了这个问题。服务不是有形的产品,我无法通过穿越大瑟尔沿线的 S 型弯道展示我所提供的服务,也不能将服务披在名模辛迪·克劳馥身上或将其放在精致的瓷盘上向众人展示,我无法通过任何形式展示服务,因为服务是无形的,它只是某人许下会做某事的承诺。

那么你该如何推销服务？

经过多年的思考，我凭借自身22年的服务经验，以及和其他服务类公司——包括4家美国最好的服务公司的合作经验写就此书。

本书从服务营销的核心问题——服务质量开始说起，然后提出了一些能够帮助你改善重要问题的建议，并提供了一些相应的案例，接着谈到了服务营销的基本问题：弄清楚你所经营的到底是什么业务，人们真正购买的是什么；为你的服务定位；了解潜在客户和顾客的购买行为和该如何有效传播。

前 言

翻开哈佛商学院的市场营销案例研究目录，我发现只有四分之一的案例与服务有关。

两周后，我看了最新的《财富》世界500强排名，第一次有服务类公司上榜，其中有60%的服务类公司，但这个数字还是低估了服务类公司在我们经济中的重要性，因为通过进一步观察，你会发现500强排名上列出的许多制造商并不单纯依靠制造商品获益。例如，工业巨头通用电气公司40%的收益，实际上来源于服务。又比如说，耐克，很多人认为它是一家鞋厂，但实际上它并不生产鞋子,它只设计、分销和推广自己品牌的鞋子。耐克实质上是一家服务类公司。

有接近 3/4 的美国人在服务类公司工作。到了 2005 年,这个数字会变成 4/5。但哈佛商学院的案例目录却反映不出这个情况。

简言之,美国经济是产品营销模式下的服务型经济。但服务不是产品,服务营销也不是产品营销。

产品是有形的,你看得见摸得着。然而,服务却是无形的。事实上,当你购买一项服务时,它甚至都不存在。如果你去美容院,在你购买前,你看不见、摸不着,也无法试用剪发服务。只有在下单后,你才能享受这项服务。

你可以依靠其他感官评估大多数的产品,比如一辆新车。

你可以从多个角度欣赏一辆车。你可以感受手掌下光滑的车漆和背后舒适的皮革座椅,也可以聆听稳定的引擎轰鸣声和电动车窗所发出的微弱声响,或者关闭车门时所发出的特定响声——大多数人看车时一定要检验的部分。买车时,你还会用到你的鼻子,精明的汽车制造商会悄悄地为新车添加幽香怡人的气味以吸引你的嗅觉。

然而你却没办法过多依靠感官来评估一项服务。制作中的纳税申报表不会发出轰鸣声,优秀的离婚律师也不会散发香气,你既听不到也闻不着,你也无法去一家干洗店试用他们的服务质量，看看是否能让你满意。通常，你都是在看不见、摸不着、闻不到、尝不着，也感受不到一项服务的情况下做出购买决定的。

大多数的服务都没有价格标签。当你去咨询改装厨房、修改公司的养老金计划，或是举办结婚纪念日派对的相关服务时，你很可能并不知道所需费用，并为此感到惶恐不安。服务公司的销售代表承诺会"回去制订一张预算表"。当下，你并不确定自己是否有能力或意愿支付这家公司最终提出的报价。

因此，你会愈加感到惶恐不安。

通常，如果一个产品坏了你肯定会知道，比如音响播不了音乐了，汽车的离合器不动了，牛奶变质了。但是，要知道一项服务好与不好就难多了。你咨询的员工保险顾问所提的建议好吗？你聘请的房屋油漆工的粉刷手艺好吗？这项服务符合你的预期吗？谁知道呢？

大多数产品坏了都是显而易见、易于证明的，因而大多数产品都附有保修，但大多数的服务则不然，所以如果你要证明服务不成功，往往只能诉诸痛苦的谈判或诉讼。

因此，你在购买一项服务时无法得到保障，甚至存在太多不确定因素。

制造商在生产过程中会应用一套经过良好检验和监控的生产步骤，以确保产品质量过关。而服务类公司则是通过一系列无法程序化的行为实施他们的服务，没有一套可靠的"生产步骤"。任何天才都设计不出一套质量标准化的步骤实施类似平面广告这种服务。

而管理大多数服务会采用的有限"生产步骤"也很困难，再次以广告服务为例。一家广告公司的客户主管外出拍摄，之后去了宾馆酒吧，四杯香蕉鸡尾酒下肚后试着引诱一位女客户到他的房间，第二天下午这位女客户就炒了这家公司。

有什么"生产步骤"是可以防止这项服务走向失败的？

所以说，与产品相比，服务就像以前军舰甲板上没系牢的重型大炮一样，随时可能滚向四周，撞毁整艘船。可怜的船长感觉难以掌控，可怜的顾客也一样心有疑虑。

我们购买的产品通常是由离我们千里之外，与我们素未谋面的人所制造的，所以如果产品出问题，我们一般不需要当面处理，然而我们所接受的服务却常常是由我们见过或者交谈过的人所提供的。如果为我们提供服务的人没有履行其应尽的义务，我们就要亲自找那个人解决问题。我们要问"你怎么能这么做"？而同时，为我们提供服务的人则会一个劲儿地向我们解释、恳求、赌咒，甚至违背服务承诺。

所以服务营销人员或服务公司——医生或建筑师、干洗店或会计事务所、经纪人或房屋油漆工都要知道，你们面对的是满怀疑虑的客户，他们对于你们可能会犯的任何错误都很敏感。

所以如果要做好服务营销，你首先要对你的客户有一个清晰的认知，理解他们的疑虑和不安。

即使你认为自己不是服务营销人员——比如，你销售的是起搏器、汽车或软件，这本书同样也能对你有所帮助。因为你很可能实质上属于服务营销人员，或者理应属于服务营销人员。如果你是起搏器制造商，你会很清楚每当你公司的销售员被挖到竞争公司时，他所服务的医生也会被拉过去。大多数医生买的不是起搏器，而是那个能够进入手术室，为仪器的安装和设置提供意见的起搏器专业销售员。起搏器买家购买的其实是服务。

同样，许多购买土星（Saturn）汽车的顾客真正买的也是土星所提供的无形服务：轻松惬意、没有后顾之忧的汽车定价和维护服务。车子只是土星的入场券，它的服务才是为其赢得订单的关键。土星的车主买的是服务。

如果你销售的是软件，你就知道虽然你的核心产品是软件，但使用说明、免费热线、宣传、升级、客户支持等附加服务才是卖出软件的关键。你的用户购买的是服务。

起搏器、土星汽车和软件提醒着我们，我们生活在一个商品时代。新技术让制造商能以惊人的速度生产出大量同质的产品。所以曾经是营销重点的产品差异点，在当今时代不会存在很长时间，消费者甚至完全不会考虑产品差异的问题。面对与竞争对手相差无几的产品，现在的营销人员通常有两个选择，一是降低成本，二是增加商品附加价值。

那么，什么是商品附加价值呢？无一例外，是服务，以李维斯（Levi's）最近推出的个性化牛仔裤为例。李维斯的店员为女性顾客提供量身服务，然后将尺码数据通过互联网传给裁缝和洗水师傅，他们做好牛仔裤后再通过联邦快递寄到顾客手中。以前的李维斯牛仔裤属于旧式经济的产物，只是产品，而新推出的李维斯牛仔裤则属于服务。几乎人人预测类似个性化牛仔裤这样的定制商品在未来会更加普遍，所以也会有越来越多的产品转化为服务。

因此，身处这种新型经济模式下的营销人员一定要拥有服务营销思维。

这本书适合所有从事服务营销的人士阅读，即除了产品制造商外的所有人，这部分人占全社会的80%，而产品制造商仅占20%。

本书反映了许多成功的公司是如何思考营销工作，如何对待它们的商品规划、发布和宣传的。这些新公司更注重它们与顾客的关系而不是产品的功能和卖点；它们更关注服务本身的质量，更着重如何提高服务质量，相当明白顾客的看法对公司的影响有多大；它们对人们许多看似非理性的思考方式和行为有越来越深的了解；它们明白细节决定成败；它们明白在我们这个节奏越来越快、通讯过于发达的社会中要让大众听到它们的声音、理解它们的理念有多困难。也许它们最明白的是，在我们这个越来越繁杂的世界，没有什么比简洁更有力。

新式市场营销不仅是一种做事方式，更是一种思考模式。新式市场营销首先非常明白服务的特征——看不见摸不着，也很清楚服务对象和潜在顾客的特点——他们的恐惧、有限的时间、有时不符合逻辑的决断方式，以及最重要的是，促使他们做出决定的动力和需求。

虽然本书有提供许多具体的建议，但本书并不是一本具体的方法指导手册，而是一本指导你如何进行思考的书，如果你能学会新式市场营销从业人士的思考模式——如果你对服务行业及其前景有更深一层的思考，你就能想出许多更好的方法来提高业绩。

那么我们开始吧。

目 录

序 001
前 言 003

❶ 起 步 001
　服务营销的最大误区 003
　低效的服务世界 004
　乌比冈湖效应：高估自身水平 005
　那些漫画并不好笑 006
　让客户制定你的标准 007
　坏消息：你的竞争对手是迪士尼 008
　蝴蝶效应 009
　一只名为罗杰的蝴蝶 010
　失误亦是机会 012
　广告文案写作的考验 013
　1985—1995年达美航空的垮塌 014
　变得更好VS变得与众不同 015
　营销规划的第一原则 017
　前所未有的服务 018

❷ **调查和研究：就算你最好的朋友也不会告诉你** 021
   就算你最好的朋友也不会告诉你 023
   但背着你他们会说 024
   为什么要做意见调查？ 025
   莱特曼原则 026
   通过电话调查能得到坦诚的答案 028
   你绝不该说出口的问题 030
   不要进行焦点小组访谈 031

❸ **市场营销不是一个部门的事** 033
   市场营销不是一个部门的事 035
   营销近视症 036
   井蛙之见 037
   从你和你的员工做起 038
   你公司的降落伞是什么颜色？ 038
   你真正在卖的是什么？ 041
   一件大多数专家不知道的事 041
   你的客户是个什么人？ 042
   你真正的竞争对手是谁？ 043
   去往没有竞争对手的地方 045
   适应者的优势 047
   研究你的接触点 050
   高中是社会的缩影 051
   成为最有人缘的企业 052

❹ **市场规划中的 18 个谬误** 055
    谬误：你能预测未来 057
    谬误：你能知道自己想要什么 060
    谬误：营销战略至上 061
    谬误：只要提高产品质量就能取得成功 063
    谬误：总能等到完美的时机（贝德罗克公司的谬误） 064
    谬误：耐心是一种美德（鲨鱼规则） 066
    谬误：脑袋要聪明一点（螃蟹思维） 066
    科学与数据的谬误 067
    焦点小组的谬误 070
    记忆的谬误 071
    经验的谬误 072
    自信的谬误 073
    谬误：追求完美能带来完美的结果 076
    谬误：失败就是失败 077
    专业知识的谬误 078
    权威的谬误 079
    常识的谬误 080
    命运的谬误 083

❺ **锚定原理与美国运通案例：潜在顾客的思考方式** 085
    没错，但我就是喜欢 087
    潜在顾客如何做选择：选择熟悉的 089
    潜在顾客如何做选择：使用最新的数据 091

潜在顾客如何做选择：够好就行　092

锚定原理　094

最后印象深入人心　095

有风险的业务　097

客户的恐惧是你唯一的恐惧　098

暴露你的缺点　099

细节是关键　100

❻ **你说的越多，听的人越少：定位与专注**　103

无比专注　105

定位的恐惧　106

以小见大的推论逻辑　108

光晕效应　110

没有两家相同的服务企业　111

地位是一个被动的名词，而不是主动的动词　113

制定你的定位宣言　115

制定你的地位说明　117

如何缩小你的地位和定位宣言之间的差距　118

如果这不是我们的定位宣言，那它是什么？　120

重新定位你的竞争对手　121

为小型服务公司定位　122

专注定位：西尔斯所学到的东西　124

专注和克林顿竞选　126

当银行家的视线模糊：花旗银行的跌落　127

定位和专注还能帮你做什么　128

❼ 丑猫、帆船鞋和定价过高的珠宝：定价　131
丑猫、帆船鞋和定价过高的珠宝：完全不合逻辑的
　　定价规则　133
定价：阻力原则　134
避免要命的中间价位　136
低成本陷阱　137
定价：从毕加索身上学到的一课　139
由毕加索原则推论的木匠原则　141
性价比高不是市场地位　141

❽ 字母缩写应该用在 T 恤衫上，而不是你的公司名上：命名与品牌推广　143
字母缩写应该用在 T 恤衫上，而不是你的公司名上　145
别取一个搞笑的公司名　146
要企业突出就取一个突出的名字　146
取一个内涵丰富的名字　147
出众的定位，出众的名字　148
名字的意义　149
命名："每英寸含多少信息"的测试　150
联邦快递命名的聪明之处　151
品牌热潮　153
品牌难道不是已经奄奄一息了吗？　154

品牌保证　155

品牌的核心　156

品牌对销售有何作用　158

不要放弃你的品牌　159

价值 40 万美元的品牌　161

现代社会中的品牌　162

不寻常品牌名的力量　163

品牌与临时保姆　166

❾ **如何省下 50 万美元：营销传播与推销　169**

营销传播：前言　171

弗兰·勒波维茨和你最大的竞争对手　172

鸡尾酒派对现象　173

购物清单式的问题　174

给我一个充分的理由　175

你最喜欢的歌曲　176

一个故事胜过一打形容词　177

攻克刻板印象　178

口说无凭，用事实证明　179

建立案例　180

小把戏是孩子玩的　181

被笑话的人是你　181

专业能力 VS 服务态度　182

优越性　184

反转宣传的力量　186

从第一银行身上学到的一课：耳听为虚，眼见为实　187

化无形为有形　188

橙子测试　190

我们的眼睛尝到了味道：芝加哥餐厅的启示　191

如何省下 50 万美元　193

传闻证据规则　193

善用隐喻：黑洞现象　195

语言的衍生力量：葛底斯堡演说　196

长袍的名字不叫长袍　198

无意义的套话　198

改善沉默的氛围　199

你到底想表达什么？　200

鲜活印象效应　201

形象的语言　202

宣传的价值　203

广告就是宣传　203

广告产生宣传效果　204

宣传的本质　206

从威廉·F. 巴克利身上获得的灵感　207

将注意力放在购买而非推销步骤上　208

最有说服力的推销信息　209

茫然的眼神代表什么　210

演说展示的第一定律：模仿迪克 210

企业使命宣言 212

企业使命宣言应该是什么样子，必须包含哪些内容 213

何时该叫停一份企业使命宣言 213

真正销售的是什么 214

⑩ 抓牢手上的东西：维护客户 217

企业与客户的关系账 219

那天过后——为什么说签下业务可能是失去业务的第一步 221

期望值、满意度和夸张宣传的危害 223

你的老主顾是圣人 224

表达感谢 225

你的礼仪去哪儿了？ 226

做好失败的准备 227

满足感与服务 229

⑪ 速效对策 233

做好小细节 235

一通电话 235

速度 237

承诺下午送出，实际上午送出 237

自我提醒 238

提高销售员水平的最快方法：优化信息，而不是信使 239

自我投资 240

冲撞原则 241

总结 243

出版后记 246

SELLING 1

起 步

▷ **服务营销的最大误区**

在一项自由联想心理测试中，大多数人，包括商界人士，都将"营销"一词与推销和广告挂钩，认为营销就是要卖出商品。

人们普遍认为，营销就是将你手上的商品强行推销给消费者。"我们需要更好的营销"这句话总是意味着我们需要通过广告、宣传，或是一些推销邮件来"打响名堂"。

不幸的是，当大多数公司专注于打响外在的名声时，却往往忽略了内在的服务质量，偏离了服务营销的第一定律：服务营销的核心是服务质量本身。

我并不是说只要你把服务做好，世界的大门就会为你打开。事实上，很多服务做得好的公司都由于营销不当而面临倒闭。当然，我也并不是说只要你打响名堂就够了。打响公司名声，吸引大众购买劣质服务是服务型公司的惯用策略，但这也会毁掉一家公司。

我要强调的是：服务营销的第一定律应是盖伊·川崎（Guy

Kawasaki）提出的电脑营销第一定律：

提高质量。

提高你的服务质量，能够使营销工作更易开展，更节省成本，也更有成效。事实上，一些公司就是因为提高了服务质量而无须再将"打响名堂"纳入营销计划。

服务营销的第一步是提高服务质量。

▷ 低效的服务世界

多年来，我们总会听到这样一种说法：我们身处一个冷漠、不近人情的世界。

我们之所以产生这种感觉，不是因为我们的家人、朋友或邻居，而是因为我们接受到的服务给了我们这种感觉。

当我们打电话给纽约的公共电视台时，我们需要等上六分钟，电话里才会自动传来让我们稍后再打过来的声音，所有的线路都是"正在通话中"。信用卡公司会迟上三个月才给我们寄来替换的信用卡。明尼阿波利斯市的印刷工承诺会在周四前帮我们搞定要弄的东西，但却等到下周一才会给我们来电，这是我在过去三个星期内的亲身经历。正是我们所接受到的这些服务让我们产生"这是一个冷漠的世界"这种感觉。

10 岁的威尔·贝克威思说得很到位："服务质量通常都烂

透了。"

我们接受的服务质量简直低到谷底，如果你不抱怨一下都感觉不舒服。大多数人已经放弃了投诉。

为什么我们接受的服务质量会这么差？

部分原因是许多公司无法清楚看到对改善服务的投入——员工培训、加薪、增加人手——所能产生的收益。为了提高收益，许多企业会通过挤压服务质量的方式以降低成本，直到有人——通常是消费者尖声抗议为止。

想想你享受特别服务的时候。你最后在那家公司花了多少钱？你告诉过多少人你的经历？他们又花了多少钱？

你没办法得出一个准确的数字，但那一定是一个巨大的金额，而这个金额全收入了那家公司的银行账户里。

首先，在你写好广告语、租好广告位、匆忙完成新闻稿前，先搞定你的服务质量。

▷ 乌比冈湖效应：高估自身水平

曾经有人说过，"普通的美国人认为自己不是普通人"。心理学家证实了这一点。

我们想象中的自己比真实的自己要好。

研究人员让学生给自己与他人相处的能力打分，60% 的学生把自己排在了前 10%。94% 的大学教授认为他们的工作做得比普通同事出色。大多数男人认为自己长得不错。

我们这类虚幻的优越感如此普遍，心理学家还为其取了个名字——乌比冈湖效应，这个名字源于加里森·凯勒尔（Garrison Keillor）主持的知名电台节目中所虚构的新闻来源地——乌比冈湖。"这里的女人长得强壮，男人长得很好看，所有的孩子都在平均水平之上。"

既然大家都是人，那么你公司的每个人都会受到乌比冈湖效应的影响。你设想中的自己比真实的自己要好，你所提供的服务质量也是这样。

整个国家的服务水平如此糟糕，就算你的服务在平均水准以上，你的服务质量也依然很糟糕。更何况你的服务质量很可能只属于平均水平。

假设自己的服务质量很糟糕。这没有什么坏处，还能促使自己做出改善。

▷ 那些漫画并不好笑

你肯定见过那些写着"质量，服务，价格，任选一个"的标志牌和以"你想要多快？"为主题的漫画。（不足为奇，贴出这类漫画的商家的服务质量十有八九糟糕透顶。）

这类漫画暗示顾客他们的期待值太高了，每当我看到这类漫画，我都会跟店员说"我先去别的地方看看再做决定"。

但我心中已有决断，我不会再回到这家店。

如果你认为自己无法为顾客提供好的质量、速度和价格，那就说明你不够努力。

为什么麦当劳能够提供一尘不染的洗手间和在 50 秒内做出售价仅 79 美分的世界级薯条？

忘记借口，记住麦当劳是怎么做的。

▷ 让客户制定你的标准

在很多服务行业里，都是由行业——而非客户来定义质量的。

比如说广告业、法律行业和建筑业等。

在广告业里，当最有创意的人说出"这真是个好广告"这句话时，并不意味着他们认为这个广告能为客户的业务带来丰厚收益，他们只是认为这个广告有一个好的标题，好的视觉效果，是个"好广告"，利索、有意思。

律师们的想法也一样。他们会说，"这个案情摘要写得真不错"，而不管这个摘要要花费客户足足 5000 美金，也不管这个摘要所陈述的案件本来是完全可以通过良好的辩护而避免的。

许多建筑师将一些建筑物视若珍宝，但这些建筑对于在里面工作的人来说却相当不便。尽管如此，建筑师还是称之为"优秀"的建筑物。所谓的"优质"服务造就了这些建筑物。

问自己：是谁在制定你的标准？你的行业，你的自尊，还是你的客户？

▷ 坏消息：你的竞争对手是迪士尼

一天早上，我兴致勃勃地走进了一家咖啡厅。

有4个人在排队，但我觉得我能忍受。

不幸的是，吧台后却没有咖啡在排队。一个服务生将一杯脱脂咖啡递给了1号顾客，但这个顾客点的是小杯的普通咖啡。另一个服务生在与2号顾客调情，这多少有点触动我，令我想起过去，但这不足以让我忽视拖延的时间。

4分钟后，我拿到了我的大杯拿铁。

20年前，我或许能接受这种延误。20年前，我或许也能接受洗手间的地毯上掉落着湿哒哒的纸巾，服务生穿着沾了番茄酱的围裙，嘴里嚼着火箭炮（Bazooka）牌的口香糖，以及在通过产品目录邮购10天后才收到商品。

然而麦当劳出现了，它提高了所有人对洗手间的标准；更好的餐厅出现了，它们提高了人们对服务生的期待；联邦快递出现了，它提高了产品目录邮购配送时长的标准。这些服务企业彻底改变了我们的期待值。

现在我们希望洗手间可以更干净，服务速度可以更快，服务生可以更周到。

更多人现在已经能在日常享受到超一流的服务。许多人已经见识过迪士尼乐园，他们知道干净、友善、创新的服务是什么样子的。

许多人已经见识过世界一流的服务，而现在每个服务行业都必须接受这一点。

说个得罪人的例子，假如印刷行业的标准达不到顾客的期待值——现实常常如此，那么复印店可别指望顾客能忍受它们的服务标准。复印店的客人可是去过了迪士尼乐园，这个体验提高了他们的期待值。

服务质量满足不了顾客期待的企业会经历一场小变革和客户流失。

忽视你的行业基准，复制迪士尼的服务标准。

▷ 蝴蝶效应

1963 年，气象学家爱德华·诺顿·洛伦兹（Edward Norton Lorenz）公布了一个惊人的结论。

销售就是卖服务

之前的数十年间，人们曾将宇宙视为一个大机器，这个大机器里产生着相互匹配的效应。人们设想，大变动会引发大效应，小变动会引发小效应，洛伦兹对这一观点持怀疑意见。

摆在洛伦兹面前的问题听来奇怪却简单：新加坡的一只蝴蝶扇动翅膀能否对北卡罗来纳州的飓风产生影响？

经过大量的研究后，洛伦兹给出了肯定的答案。人们现在称洛伦兹的这个推论为"蝴蝶效应"，它反映了一切事物的不可预知性，过去 20 年间的其他几个发现也证明了这一点。天气，可能是直接营销项目的结果，一些小小因素也可能会引起远方的大变动。

然而，有一群人并没有对洛伦兹的发现感到震惊，他们早在日常的工作中见过蝴蝶效应，他们是服务公司里细心的观察者。在服务业里，小小的努力常常能够产生巨大的效应，虽然这个效应可能发生在远方。

请记住蝴蝶效应。小因素，大效应。

▷ 一只名为罗杰的蝴蝶

1993 年 9 月 16 日，明尼阿波利斯市的一位男高管想起戴顿百货（Dayton's）的西服区承诺会在那天下午前修补好他的夏季轻质夹克。

1 起步

这位高管来到收银台前,一个元气满满,名为罗杰·阿扎姆的黑发店员很快接待了他。

"我过来取夹克的,"高管说道。

三分钟后,罗杰从服装修改区回来,带回了一个坏消息,"不好意思,还没修补好。"在这位高管还没来得及抱怨他本来是如何满怀期待能拿到夹克时,罗杰就从他眼前消失了,他只听罗杰喊道,"马上回来!"

几乎是马上,罗杰就回来了。"他们现在就帮你修补,你五分钟后就能拿到夹克,我保证,"他说道。

这位顾客的反应和我们大多数人一样,他被罗杰打动了。但他不仅被打动了,他还觉得自己欠了这个店员什么,因为这个店员做的事远超他的职责范围。

等待期间,这位顾客开始在三排运动夹克中间逛了起来。

他看到了一件帅气的棕色人字纹的雨果波士(Hugo Boss)夹克,售价为 575 美元。

自然而然地,这个故事的结尾是这位高管买下了这件价格为 575 美元的夹克,不但如此,他还买了一件 110 美元的黑色休闲裤和一条 55 美元的棕黑白三色条纹领带来搭配。

短短几分钟内,蝴蝶翅膀的一次小扇动——罗杰·阿扎姆去服装修改区的五分钟,就创造了一笔 740 美元的销售,更别提戴顿百货从罗杰这次的应对中所获得的宣传价值。

达成这笔销售的隔天早上，戴顿百货西服区的高级买手在他的电脑屏幕上查看销售额。"我又卖出了一件雨果波士的夹克，"他志得意满地说道，称赞自己独到的眼光和对顾客品位的了解。但卖出这件夹克的人不是戴顿百货的买手，而是罗杰·阿扎姆——他以其如同蝴蝶扇动翅膀般微小的举动赢得了这笔销售。

做罗杰这样的人，聘请罗杰这样的人。扇动你的翅膀。

▷ 失误亦是机会

罗杰的故事中还包含着另一个道理，这个道理常常被许多服务营销人士忽略了。

虽然成功的服务营销要从出色的服务做起，但出色的服务并不意味着零失误。在罗杰的故事中，戴顿百货的服务其实是有一个严重的失误，那就是它并没有兑现它的诺言。但比起百分百完美、零失误的服务，戴顿百货从它的失误中赚取了更多利润——至少740美元。

戴顿百货能从这一次的失误中获利，是因为罗杰的顾客明白"人非圣贤，孰能无过"这个道理，顾客在意的是在意识到自己的错误后，戴顿百货和罗杰是如何反应的。你在犯错后会如何做？你会推卸责任，或者避重就轻吗？——这两种做法都

1 起 步

糊弄不了任何人，只会让情况更糟糕。还是说，你会承担责任，解决问题，用行动向客户表明"我们很重视你这个客人，我们会帮你解决好这个问题"？

问问罗杰是如何做的。

大失误亦是大机遇。

▷ 广告文案写作的考验

讲一个很短但有启发作用的故事。故事发生在10年前，地点是明尼阿波利斯艺术学院旁边的皮尔斯伯里宅邸。

我和恰克·安德森坐在他二楼的办公室里俯瞰艺术学院的风景，却对恰克的办公墙视若无睹。办公墙上写满了我们对一个广告创作的想法。两天后，我们的创意总监注意到我们低迷的状态，大胆走进了恰克的办公室。

然后他喃喃自语几句就出去了。

第二天他又过来了，看到我们还是没取得任何进展。

他说了一句我到现在还记得很清楚的话："如果写一个广告有那么难，那就说明这个产品本身有问题。"

没错。如果你无法为你的服务写出一个合理的好广告——对你的顾客做出有吸引力的承诺，那么你需要改进你的服务。

为你的服务写一个广告文案。如果一周后，你所能写出的最好的广告文案还是不够吸引人的话，那就别再在广告上费工夫了，你首先要做的是提高你的服务质量。

▷ 1985—1995 年达美航空的垮塌

1981 年，汤姆·彼得斯（Tom Peters）为其著作《追求卓越》(*In Search of Excellence*) 搜集素材，他注意到了客户服务水平超一流的达美航空。

如果你曾搭乘过达美航空的班机，那你可能会同意彼得斯的评估结果。达美航空的工作人员确实会展现最温暖的笑容，让你情不自禁地想对他们回以微笑。

达美的服务更能吸引客人，彼得斯的著作更是为达美带来了收益为 5 亿美元的免费广告效应。

这是哪里发生了问题？

达美的服务继续维持在一流水平，但它的市场营销却做得很差。当美国航空公司推出了 Sabre 在线订票系统时，达美的高管还浑然不觉。这一创新订票系统反响非常好，一些专家还认为美航可以关掉它的航空公司，光是全力研发 Sabre 系统，就能获取高于达美航空所获得的全部收益。

当价格战打响时，达美没能对外表达清楚它的折扣换算。许多旅行社没有试图搞懂达美的折扣换算，而是让它们的客户去其他航空公司购票。

达美航空的广告宣传也做得很失败。除了在广告中谈及它早已广为人知的优秀服务外,达美的广告并没有突显出它的其他优点,所以它收获的广告效益远低于其所付出的金钱。

在营销工作遭遇失败后,达美很快就走上了下坡路。虽然达美对员工很好,但它不得不让一些飞行员停职,缩减航线,解雇越来越多的人。达美的业务一落千丈。

在写下这本书时,达美依然没有恢复元气。

达美专注做好客户服务,它的客服水平无可匹敌,但如今,达美对客户服务的专注却让它濒临毁灭。

诚然,服务是服务营销的心脏,但光靠心脏并不能让一家公司存活。

市场营销是服务营销的大脑。如果大脑衰竭了,心脏很快也会随之停止跳动。

▷ 变得更好 VS 变得与众不同

服务和"全面质量"浪潮席卷美国各行各业,数百万企业已转移至国外。

但这股浪潮的水花模糊了局中人的视线,让他们看不清服务类企业取得成功的关键是什么。

那些取得巨大成功的美国服务企业不是那些服务质量超出同行的企业，而是那些决心掀起行业变革的企业。

麦当劳不仅重新定义了经典的汽车穿梭餐厅。它采取了一种精心策划、注重过程的全新方式，以超优惠的价格迅速为顾客提供优质服务。

联邦快递不仅重新定义了邮寄服务。它创造了一种极其优越、易于执行的全新后勤管理方法，以极快的速度递送远距离的包裹。

花旗银行不仅重新定义了美国的银行业务。花旗银行最先使用自动取款机；成为第一家积极推广信用卡的银行——现在信用卡已被广泛接受，使用信用卡已成为理所当然的事；成为第一家采用全电子汇款和最先推出浮动利息债券的银行；最有意义的也许是发明了大额可转让定期存单，这类存款很快成了金融机构的主要资金来源，仅次于活期存款。

还有H&R布洛克和嘉信理财（Charles Schwab）创新推出的货币市场共同基金和次日电脑到账服务，还有凯悦（Hyatt）法律服务公司和许多其他非常成功的企业，它们所做的不仅仅是服务质量的改良，而是彻底革新。

尽管有如此多成功的故事告诉了我们变革的重要性，但是，当你参加公司规划会议时，无论是何种行业，你很快会意识到，除非公司有一些人提出反对意见，通常这个会议的目的十分简单：

"我们来看看去年我们做了什么，今年至少要提高 15%。"

提高 15% 的目标还能实现——暂时来说。但如果有一家公司出现，并推出了百分百全新的业务，那就另当别论了。

如果你所处的行业有很大的利润空间，那就会有许多创业公司想过来分一杯羹，你的日子也就变得艰难起来。

一些严重停滞的行业会出现这种现象。银行已将其在金融行业中的历史主导地位让步于保险公司、共同基金、养老基金和信用合作社。建筑公司也让工程管理公司夺走了一大部分业务。律师事务所也受到了一些以较低价格提供诉讼纠纷解决方案的新公司的威胁。广告公司更是遭受各方的入侵，包括好莱坞公司。

这些行业的腐朽正是由于这些每个人都在左盼右顾，然后说我们如何能将业绩提高 15% 的规划会议开始的。

不要只思考怎样变得更好，而要思考怎样变得与众不同。

▷ 营销规划的第一原则

除非另有提醒，否则负责市场营销的人员几乎总会从之前的营销工作入手，完善之前遗漏的地方。

每个人都设想公司的运营情况良好，组织有方，人员到位，会给每个员工增加或减少一些工作挑战。

每个人对于年度营销规划的关注点很快就会落在"如何卖出这个商品?"这一问题上。

然而这是不对的。人们应该从零开始思考。他们应该叩问,"这个方式还行得通吗?这个商品是全世界的顾客渴望拥有的吗?"

我们是否增加了也许有助于扩大公司业务范围的能力和技术,以服务新市场?我们应不应该发展或获取相关的能力和技术?还是我们应该缩小业务范围,充分利用一些为某类特定的潜在顾客而研究的专门技术和服务?

无论你的问题是什么,你都应该贯彻市场营销规划的第一原则:

永远从零开始。

▷ 前所未有的服务

想听一个 20 世纪 90 年代的优秀服务营销模式吗?让我们学习一下汽车行业的演化进程。

汽车行业的第一辆车只达到最低标准,这是任何产品和服务类公司在行业的第一阶段会采取的策略。第一阶段,公司的驱动力是达到最低的及格标准:做出一个过关的基础产品。购

1 起步

买者之所以会接受这种最基础的产品——第一辆车、第一台录像机、第一家快餐馆,是因为他们渴望享受这些产品所带来的独特的便利之处。购买者能够接受新产品有缺点——一般来说,他们能够接受新产品又贵又有缺陷。在汽车行业的第一阶段,商家认为只要你拥有黑色的汽车,你就能把它涂成任何颜色,所以客户只能选择能满足基本需求的黑色汽车,除此之外,别无他选。第一阶段的行业运转是以产品为导向的。第一阶段,企业仅为顾客提供及格的产品。

第二阶段,竞争者出现了。产品的差异性成为至关重要的因素。市场营销人员也就出动了。他们倾听顾客的意见并做出改善,比如:增加汽车颜色、烟灰缸(方便司机抽烟),后来又增添了 AM/FM 收音机。在行业的第二阶段,企业的驱动力是满足顾客的需求。第二阶段的行业运转以市场为导向。在这一阶段,企业为顾客提供他们渴望的产品。

能够进入第三阶段的企业寥寥可数。这些企业是营销神庙的神祇——迪士尼乐园、联邦快递、雷克萨斯。当迪士尼创造出超越人们需求——或者说超出人们想象的游乐园时,它就进入了第三阶段。进入第三阶段的是这些汽车企业:发明了加热汽车座椅和朝向司机而不是中间位置的音响控制台的企业,以及为小型汽车增加宽敞后备厢的企业,这种后备厢比很多豪华汽车的更宽敞。在这一阶段,市场导向不再是顾客的期望和他们反映的需求。"我们能做出哪些改善？"一类的市场调查已起不了太大作用，顾客已经想不到有什么可以改善的地方了。

　　第三阶段，要从众多能够满足客户需求的竞争者中脱颖而出，企业必须迈出飞跃性的一步，必须给顾客带来惊喜。处于行业的第三阶段时，企业的驱动力是给客户带来惊喜。因此，第三阶段的行业运转是以想象力为导向的，进入这一阶段的企业为客户提供的是前所未有的服务。

　　大多数服务企业正停滞在第二阶段的中间。许多公司，特别是很多专业的公司，还在第一阶段和第二阶段间徘徊。每一家服务公司都必须看向第三阶段，那是荣耀、名声和市场份额的所在之处。

　　创造出前所未有的服务；不仅要做出符合市场需求和消费者渴望的产品，更要做出能让他们喜欢上的新产品。

调查和研究：就算你最好的朋友也不会告诉你

▷ 就算你最好的朋友也不会告诉你

昨天，一个推销增值服务的男人打了个电话给我，然后撞到了我这块铁板。

他开始教导我有关市场营销的知识。他教育我市场规划的每一个元素都只是"整个营销组合的一部分"。实际上，他将这句话重复了三遍。

也许是我太过敏感，容易感觉被冒犯，但他的推销辞令让我希望我的客户永远也不需要使用他的服务，他口中所谓的真正有价值的服务。

这个推销员不仅没向我成功推销他的服务，他还永远失去了再次向我推销的机会。

我有跟他说他的推销话术很烂吗？

没有，我没有告诉他，不值得再花时间跟他讨论。而且我也怕会冒犯到他。

那么当他向下一个潜在客户推销时，他会使用什么销售话术呢？

跟对我说的一样。

人们不会指出你哪里做错了。你的潜在客户不会告诉你。

你的客户不会告诉你。

有时,就算是你的另一半也不会告诉你。

那么你要如何改善你的服务?

主动去问。

▷ 但背着你他们会说

最近,一位客户的回答让我无言以对,我对她说,"推销一项服务的第一步就是做好服务工作。所以你要弄清楚你的服务是否做到位了,得去调查顾客的意见,去询问他们"。

她的回答让我猝不及防:

"我不想这样做,"她这样说道,"我害怕听到他们的想法"。

事实上,这很好,因为我也不想让她自己去给顾客做意见调查,我想让独立的第三方机构来做这件事。

生活中的一个基本原则可以应用到顾客意见调查上:

就算是你最好的朋友也不会当面指出你的缺点,但他们会背着你说。

让顾客背着你说出他们的意见,这样你才能知道他们真正的想法。请顾客将他们完成的调查发给第三方机构。让第三方机构向你的顾客保证可以去掉他们的名字，这样调查上就不会出现他们的名字。这种情况下，你的顾客会给出更加真实的答案。

请第三方机构帮你收发意见调查。

▷ 为什么要做意见调查？

你的客户会欣赏你的这种做法。他们会看到你在努力提高服务质量。（对于最近的一次意见调查，一位顾客这样回复："这个调查很好地说明了我为什么选择这家公司的服务，因为他们总在想办法为我提供更好的服务。"）

你可以让顾客从不同方面对你打分，然后在宣传材料上公示高的评分，这样可以为你的服务质量提高可信度。

做意见调查可以为你提供推销或提议的机会。

可以帮助你和客户保持联系。

可以让你找出潜在问题和有意见的客户。

可以为你敲响警钟。

可以让你知道自己哪里做错了。

可以让你看清自己所处的行业，让你了解自己的目标顾客。

做意见调查，做意见调查，做意见调查。

▷ 莱特曼原则

你应该采取什么调查方式——面谈还是书面问卷?

由于对书面调查问卷持有疑虑,所以我一直希望找到一个生动易懂的例子说明为什么书面调查问卷的效果通常不是很好,终于有一晚,我幸运地在《大卫·莱特曼秀》这个节目中找到了。

那天晚上,大卫邀请的嘉宾有海伦·托马斯,她是一位资深的政治评论员。逗趣一番后,莱特曼向托马斯提出了一个认真的问题。

"你喜欢 96 年选举中的哪一个候选人?"

许多观众以为托马斯会选"鲍勃·多尔",也有其他观众在期待托马斯给出一个令人惊讶的答案——比尔·克林顿会逆袭,再次当选。但托马斯的答案既不是多尔,也不是克林顿,甚至不是奎尔。她的回答更加令人惊讶:

"我谁也不喜欢。"

托马斯不是在开玩笑。她误解了莱特曼的问题——正如莱特曼也错估了托马斯会这样解读他的问题。体育迷都知道莱特曼这个问题是什么意思。比如说,"你'喜欢'超级碗的哪支球队?"这个问题的真实意思是"你认为谁会赢得比赛?"。然而对于很多其他人,特别是女性而言,"你喜欢谁?"的意义则截

❷ 调查和研究：就算你最好的朋友也不会告诉你

然不同。

类似"喜欢（like）"这种含义模糊的词比比皆是。比如在兰登书屋的词典中，"read（阅读）"一词就有 26 个含义。但没有任何书面的调查问卷能够阐明每一个词的含义或使用无须解释清楚具体含义的词语，而且也没有任何调查人员能够准确无误地理解受访者写下的每一个词的含义。

这里有一个很好的例子：一家调查公司最近请疗养院的老板对改建服务中各个方面工作的重要性进行排序。"质量"选项的排名自然非常高。但受访者所说的"质量"具体是指什么呢？是指涂漆和墙面光泽的状况？是指视觉上的质量——还是经验丰富的工匠所认定的质量？是指制成品的目标功能的实现程度？还是说他们所指的是客服质量——承包商的行动能力和接待员的热情招待。

这项调查反映出了所有书面调查共同存在的问题。调查者是基于自己对于问题的理解去解读问题答案的，但是受访者所给出的答案其实却可能有多种不同的涵义。

在做书面调查时，你是无法避免这个问题的，甚至，你往往都意识不到这个问题的存在。但如果你做的是口头调查，你就可以解释清楚你的问题，并让受访者解释清楚他们的答案。

因此无论何时，当你想做书面调查时，想想大卫·莱特曼和海伦·托马斯的例子。

除非你有十足的信心能够正确理解受访者的答案，否则不要轻易使用书面调查。

▷ 通过电话调查能得到坦诚的答案

《商业周刊》(*Business Week*) 和《奥兰多哨兵报》(*Orlando Sentinel*) 的两位编辑最近打电话向我询问一些报道的背景资料。我每次挂断电话后，都暗自诧异于自己竟然对两个陌生人如此坦诚。

我很疑惑为什么会这样。

然后我读到林肯·卡普兰（Lincoln Caplan）是如何为他的著作《世达实录》(*Skadden*) 收集难以获取的信息的，《世达实录》一书披露了纽约最大律所的一些情况。卡普兰会给也许能提供信息的人打电话而不是约他们见面。他知道当律师们见不到他时，他们会更愿意敞开心扉，因为他们知道就算卡普兰日后遇到他们，也认不出他们。

这就是为什么比起当面调查，电话调查通常能取得更多真实信息。人们在打电话时会更加开诚布公，更愿意向你透露你需要的信息。

当你打电话询问某个人的意见时，这说明你重视他们的想法。《商业周刊》和《奥兰多哨兵报》打来的电话也告诉了我

2 调查和研究：就算你最好的朋友也不会告诉你

这一点，他们重视我的想法。我感到荣幸而紧张，为了不辜负两位编辑对我的良好印象，我毫无保留地告诉了他们一切我知道的东西。

我知道我的坦白是很普遍的现象。在我第一次做客户背景调查时，我非常惊讶他们竟然花这么多时间跟我聊，我还记录下了我们的谈话时长，平均为 24 分钟。

一次次调查下来，我发现口头调查的效果更好。为什么？一方面，从生理上说，说话比写字简单，所以人们在做口头调查时所说的内容要比他们在做书面调查时写的多。（我公司做的口头调查的反馈内容写成文字平均有五页纸；而书面调查则少于两页纸。）口头调查能获取更多的信息。

有经验的采访者更健谈，对调查主题更游刃有余，能够脱离文稿，向受访者询问更深入的问题，这也能调查出更多的信息。

通常，书面调查的反馈率为 40%。（也许会远远低于这个数字）。而在口头调查中，你常常可以得到接近 100% 的反馈率。

口头采访者代表公司与客户进行私下接触，这样更能显示出你对客户的个人意见很感兴趣，而且能将公司的服务信息更有力地传达给客户。

最后，一个人的声音可以传达出感情，但文字传达出的感情却是不确定的。(这是一个典型例子:一家全国性的对账机构的总裁对其顾客的满意程度很自信,因为他最近才逐字逐句地看了75位顾客的书面意见反馈。我也看了这些反馈,确实看起来反映不错。但我还是感到半信半疑,于是给做这个调查访问的女士打了个电话,我问她:"你觉得这家对账机构的服务做得怎么样?""糟透了!"可为什么那些反馈看起来并不糟糕,我接着问她。"许多反馈确实很糟糕,"她答道,"重要的不是顾客说了什么,而是他们说话的语气。如果你有亲耳听到他们说话,你就能听出他们的愤怒和沮丧"。)口头调查能更准确无疑地捕捉到受访者的想法和感觉。

考虑到种种原因,请使用口头调查,而不是书面调查。

▷ 你绝不该说出口的问题

你不喜欢这家公司或这项服务的哪些地方?

不要问这个问题。

你是在让人们承认,他们选择那家公司是一个错误的决定。人们是不会这样承认的,大家都喜欢表现得很聪明。

永远不要问"你不喜欢哪些地方?"这种问题。

▷ 不要进行焦点小组访谈

以下是一次典型的讨论情景：

"我们需要一些信息。"

"好的，那我们来做一次焦点小组访谈吧。"

焦点小组访谈具有很大的吸引力。一方面，"焦点小组"这个术语取得很巧妙。"调查"这个词听起来只能让你了解事情的基本情况，相比之下，"焦点小组"听起来则能让你瞄准特定的目标。

至少也许你会这样想。

但你的销售对象是个体，而不是群体。焦点小组访谈所反映出的更多是某一群体的状况，而不是市场状况。在焦点小组会谈中，掌控欲强的人会主导节奏，试图说服别人接受他的观点。而聪明但腼腆的人则是安静坐在一旁，等待会议结束。人们的观点在会谈中被他人改变和扭曲。

你的销售对象是个体。请跟个人单独交谈。

3

市场营销不是一个部门的事

"然后你跟琼碰面了，你和她也聊得很愉快。但当你起身准备离开时，你发现了她的拉链也没有拉上。"

"你回去写报告，然后做主题展示。你用这句话做开场白，'女士们，先生们，我们这里有人拉链没拉上'。"

"每个人都被震惊了。他们全都满心疑惑，'他是怎么发现的？'于是，这个发现成了非常了不起的发现。"

"许多被认为是对公司有帮助的高见其实只是指出了公司每个人都能发现的问题，如果他们的'视力'没有变差的话。"

看清自己的业务范围不是一件容易的事。请寻求别人的帮助。

▷ 井蛙之见

走进大多数的公司时，我没办法忽视它们的墙壁。

那些墙不仅阻挡了冷空气的侵入，还似乎阻挡了里面的人的视线，让他们无法看清这个世界。

当公司人员在讨论问题时，他们只关注自身。这与自尊无关，只因为人们只讨论他们知道的事，而他们只了解自己的公司。

但人们真正需要了解的——你真正需要了解的——是你的客户和潜在客户。

走出去，爬上去，让别人将你拉出井底。

▷ 从你和你的员工做起

"除非你学会了如何微笑，否则不要开店做生意"。这句古老的犹太谚语，也同样适合用在你公司的每一个员工身上。

最快、最不花钱和最好的营销方式就是通过你的员工建设公司形象。

每个员工都应该知道你的成功取决于你的一言一行，你的每个举动都与公司的市场营销息息相关。

检讨每一个工作步骤——从公司前台如何处理发票备注信息做起，问问自己该如何另辟蹊径，将工作做得更好，以吸引和留住更多的顾客。

员工的一举一动都与公司的市场营销息息相关。让你的每一个员工都树立起营销意识，做一个营销人。

▷ 你公司的降落伞是什么颜色？

别在意你做的是什么行业，想想你擅长的技能是什么？

理查德·博尔斯（Richard Boles）是《你的降落伞是什么颜色？》（*What Color Is Your Parachute?*）一书的作者，他建议

每个考虑转行的人都问问自己这个问题。

每一个为未来做规划的公司也应该问问自己这个问题：你擅长做什么？

很少公司能回答得出来，因为根本就很少有公司想过这个问题。相反，几乎每一个服务公司都被困在同一个思考模式里，这个思考模式的部分内容就是某一行业的标准化操作程序。所以对于"你擅长做什么？"这个问题，这些公司的答案总是"我们擅长做（建筑师、工业心理学家、咖啡店长，诸如此类）"。

"我们是一家建筑公司，"这个建筑师这样说道，所以她公司的一切都是以此为基点展开的——从职位头衔到办公室装潢风格，无一不是如此。

"我们是一家建筑公司"这一固定思考模式无异于一个牢笼，将你困在一个和别人一样的行事、说话和经营模式里，让你泯然于众而无法脱颖而出。

那么你真正擅长的是什么呢？

20世纪80年代，当联邦快递意识到它应该让自己的资产组合更加多元化时，它问了自己这个问题。那么联邦快递擅长的是什么？如果按照该行业的固定思考模式，那么你所想到的答案可能是"他们擅长隔日送达货物"，或者"快速送达包裹"。如果按照这一固定思考模式，那你对于该问题的答案不过是将其行业职能陈述一遍罢了。

但联邦快递意识到了它真正擅长的是什么——也许与历史上的伟大军队做的一样好——后勤。联邦快递十分擅长获取、分发和替换物资。意识到这一优势后，联邦快递成立了一家专门为企业提供后勤管理咨询服务的机构。

多年来，会计事务所都认为自己擅长的是会计工作。但是安达信会计师事务所在对现代会计事务日益熟练的过程中，意识到自身已非常了解与企业账务有关的信息体系。所以该公司建立了现已备受赞誉的信息管理咨询服务系统。

多年来，大多数广告公司都认为自己擅长广告宣传。但自从许多广告公司意识到它们真正擅长的是有趣、有说服力的传播工作后，它们已将业务范围拓展至公关、促销，甚至是演示报告和演讲咨询服务上。

你的发展机会常常处在当前固化的行业职能之外。事实上，在固化的业务范围内竞争搏杀，特别是在已经成熟的行业里，很可能会让你头破血流，耗力耗财。

你的重大机遇就处在你对"你擅长做什么？"这个问题所给出的答案里。

在做市场营销规划时，不要将思维局限在你的业务范围内，想想你擅长的技能。

❸ 市场营销不是一个部门的事

▷ 你真正在卖的是什么？

从事快餐行业的人曾经认为他们卖的是食物。

然后麦当劳出现了，它搞明白了人们在购买的其实不是汉堡包，而是用餐体验。

但汉堡王的高层人员确信麦当劳的观念是错的。汉堡王的高管知道他们做的火焰炙烤口味的汉堡更受人追捧，于是他们决定利用这一优势来打击麦当劳："我们的汉堡是用火烤的，而不是炸的。"

他们的打击策略失败了，因为麦当劳是对的：汉堡快餐店真正在卖的不是汉堡。

也许你认为你所在行业的潜在顾客要找的就是汉堡，但他们可能还想要其他东西。第一家搞清楚顾客还想要什么东西的公司就能取得胜利。

搞清楚顾客真正在购买的是什么东西。

▷ 一件大多数专家不知道的事

大多数提供专业服务的公司，比如律师事务所、医院、会计师事务所，认为他们的客户向他们购买的是专业技能。但大多数有意购买这些专业服务的潜在顾客并没有鉴别这些公司是否有专业的能力。他们说不清这些公司为他们做的税单是否专业、写的法律申请是否高明、下的诊断是否精准。但他们能说清他们与这些公司的关系是否良好，这些公司有没有回复他们的电话。对于分辨自己有没有受到重视，顾客们十分在行。

大多数从事专业服务的公司真正在销售的不是专业技能——因为顾客都假设你的专业技能过关，而且他们也没有鉴别你的专业技能的能力。取而代之，你们在销售的其实是与客户的关系。而在大多数情况下，这也是你最该下功夫的地方。

如果你销售的是一项服务，那么你真正在销售的就是你与顾客的关系。

▷ 你的客户是个什么人？

卡尔常常觉得自己不受人重视，没有安全感。

莎伦有七只以七个小矮人的名字命名的猫。

卡尔爱着斯坦福的足球和他八个月大的儿子。

莎伦希望她能有更多的时间。

卡尔希望生意能做得更好。

莎伦希望她的笑容能像 12 岁那时一样多。

卡尔希望他能与别人，与生活有更紧密的联系。

莎伦希望她能更了解你，希望她能信任你。

正如威廉·詹姆斯曾说过的那样，卡尔最希望获取的是"别人的赞赏"。

在你试图满足"客户"的需求前，先去了解和满足那个"真实的人"。

▷ 你真正的竞争对手是谁？

每一所优秀的商学院都会教授竞争策略。迈克尔·波特（Michael Porter）教授因撰写了与该主题有关的书籍而为人所知。每一个出色的市场规划都必然涵盖一部分与竞争有关的内容。

这么看来，你似乎应该好好研究你的竞争对手。但再一次地，这种以产品为导向的营销策略并不能让你取得成功。服务市场的营销人员必须以更广阔的眼光看待竞争这一问题，就像下面这个"没有竞争对手的咨询公司"的案例所建议的那样。

一家企业咨询公司请我为它做市场定位，我问了他们几个问题："你的竞争对手是谁？它们给人的印象怎样？你该如何根据竞争对手的市场定位调整、改变，并努力做好自己公司的市场定位？"

我们以上关于竞争对手的讨论内容似乎很奇怪。因为我们很少提到其他公司的名字，竞争对手中也没什么知名公司——

大多数的竞争对手都不值一提。

既然你的竞争对手如此少，碌碌无名，不值一提，那么你为什么不占领市场呢？

他们的答案与众多从事服务类行业的公司如出一辙：尽管市场规划类书籍中讲到许多不同类型的竞争市场，但我的这个客户市场，并不是一个真正意义上的竞争市场。除了个别例外，大多数公司所做的并不是抢占市场份额，而是在创造市场：想方设法吸引消费者渴望和使用它们的服务，不让消费者对他们提供的服务无动于衷或者自力更生满足需求。

这里是众多例子中的一个：一家大型食品生产商正在考虑请工业心理学家帮助他们招聘员工。这家生产商的人力资源副总裁要考虑的问题不仅仅是他要聘用 A 公司，B 公司，还是 C 公司，更要考虑到底要不要购买这种服务！

很多时候，在许多行业市场里——包括房地产咨询、延长保修服务、公关、电话销售、对账服务、室内装修、快餐、所得税服务、励志演讲，以及其他数百种行业，你的潜在客户有三种选择：一是使用你的服务，二是他们自己来，三是什么也不做。

在多数情况下，你最大的竞争对手不是你的同行，而是你的潜在客户。

这就意味着你所制定的营销策略——别管那些教科书怎么

说——不能具有竞争性。如果你竞争性太过强烈，暗暗批评你的同行，那你就会激发一个最严重的问题：你的潜在客户会怀疑整个行业到底有没有一家公司能够为他们提供良好的服务、重视他们的需求。

你的潜在客户也许会选择不使用你们的服务，自己满足需求，如果你直白或隐晦地质疑他们这个决定的话，那你就等于在批评他们本人及其判断能力。也许你的分析没错，但这并不利于你的销售和市场营销工作。

你真正的竞争对手正坐在你的桌子对面，请做好相应的规划。

▷ 去往没有竞争对手的地方

"最好的战略是不战而屈人之兵。"

1000多年以前，孙子提出了这条战略。沃尔玛（WalMart）和罗申美国际会计师事务所（McGladrey）吸纳了这一计策，采用与之同理的市场策略，并取得了巨大的成功。

山姆·沃尔顿（Sam Walton）为沃尔玛制定的有利策略就是把店开在像沃尔沃斯或凯马特这样理性的竞争对手想都没想过的地方：一些小到看似无法接纳大型折扣店的小城镇。1962年，山姆在阿肯色州的罗杰斯市开了他的第一家店。两年后，

045

他又在人口仅有 6000 人的阿肯色州的哈里森市开了第二家店。之后他又陆续在阿肯色州另外开了六家店,最后终于把店开到了阿肯色州之外的地方——密苏里州的赛克斯顿小镇。

通过占领这些小城镇和周边地区的市场,山姆赚取了丰厚的利润,将沃尔玛越做越大。距离罗杰斯市的第一家沃尔玛开张的 30 年后,山姆去世了。他是当时美国最有钱的人,沃尔玛也成为美国最大的零售商。

(与许多成功的策略一样,沃尔顿的策略也带有部分偶然因素。海伦·沃尔顿和她丈夫在 19 年里搬了 16 次家,由于对大城市心生厌倦,她坚持让山姆和她搬到人口不超过 1 万的小城镇。他们选择了阿肯色州的本顿维镇作为定居地,因为这里离海伦的娘家和钟爱的全美国最好的鹌鹑猎场比较近。)

美国第八大会计师事务所——罗申美国际会计师事务所,也受到了"去往没有竞争对手的地方"这一策略的吸引。在六大会计师事务所已占领美国各大城市的情况下,罗申美将其目光聚焦到了一些小城市上,有意成为这些地方的唯一一家全国性会计师事务所,比如得梅因、锡达拉皮兹、格林斯博勒、麦迪逊、帕萨迪纳、里士满、夏延等地。罗申美将市场定位放在成为这些地方的名牌会计师事务所上,这一定位策略非常有利。

"去往没有竞争对手的地方"这一策略并不限于地理定位。加利福尼亚州帕萨迪纳市的律师也可以专攻摩托车交通事故,将市场更广阔，但竞争也更激烈的其他类型交通事故案件留给其他的人身伤害律师。为了避开虽然广阔但竞争激烈的火热消费品市场，几家大的广告公司选择专攻农产品。邮购目录商芬格赫特（Fingerhut）对于这一策略的运用是，专门为可支配收入少、信用额度低的人群提供目录商品。除了芬格赫特外，没有任何其他家邮购目录商想过这种做法能有任何市场。

再次强调，"竞争性策略"存在的问题是，这种策略鼓励你将自己的市场困在传统的竞争框架里。在这个框架里，你的营销工作的结构、系统和市场都与你的竞争对手无甚差别，因而孙子、山姆·沃尔顿和罗申美那些精明的会计师所采用的策略——不战而屈人之兵——更为上乘。

去往没有竞争对手的地方。

▷ 适应者的优势

以前的汽车餐厅曾满足于自己这种水平的服务：服务生穿着滑冰鞋送餐、汉堡包渗出腻人的油脂、奶昔硬到将勺子插在里面数分钟都不倒。但麦当劳出现了，用新科技颠覆了整个行业的状况。

每一家服务公司用作武器的科技，也许会成为插进某一家服务公司心脏的利剑。

你每天都能在《华尔街日报》上找到一个典型例子：纽约证券交易所。

华尔街以前流行老式的经纪业务操作，然而在20世纪80年代，计算机的出现令纽约证券交易遭遇意外打击。通过使用个人电脑，投资者可以完全跳过证券经纪进行投资。同样重要的事情是，纽约证券交易所没及时采用计算机系统，后来虽采用却又没能将其成功整合。在一个追求速度的行业里，纽约证券交易所的缓慢和低效使得许多投资者不得不离它而去。

由于纽约证券交易所具有强势的品牌效应，所以现在许多人依然视其为行业巨头。但就算情况属实，它的规模也比人们想象的要小一些。

[将纽约证券交易所拉下行业高位的不仅仅是科技，对其造成冲击的还有另一股推动各个服务行业的力量，那就是其他行业的创新，包括避税方法、基欧计划（Keogh Plan）、个人退休账户计划和共同基金等。但科技还是给纽约证券交易带来了几次沉重的打击。]

想想经营惨淡的各个美国租车公司。1995年，百捷乐（Budget）租车公司损失超过1亿美元。其中的一大原因是百捷乐没引入一套能够监测对手价格，且能根据市场用车需求随时调整租车价格的收益管理系统。所以每当赫兹（Hertz）和安飞士（Avis）降价时，百捷乐都要好几天后才获悉并采取行动。

③ 市场营销不是一个部门的事

在整个 90 年代期间，比起一些省时省力的基础科技，如手持结账遥控设备和最新的基础电脑，美国的租车行业似乎更青睐一些华而不实的科技——小型货车里的录像机，以及安飞士在仪表盘上装电子地图的失败尝试就是两个典型的例子。理所当然，1995 年，当美国的航空业和酒店业加起来几乎赚取高达 100 亿美元时，它的整个租车行业几乎是颗粒无收。

在一个个服务行业里，科技不断为能够适应新科技的人创造优势。适应者能更快地搞好业务，完善漏洞，并迅速地识别科技所带来的好处。适应者善于学习，并将所学知识转化成强大的竞争优势。当别人还在后面为适应者早就犯过并已改正的错误买单时，适应者已经跑到了前头。

今天，许多服务行业的公司正处于酣睡状态，它们满足现状，止步不前。然而，当聪明的商人找到把科技用到客户服务上的诸多方法，从而将行业服务变得更出色、更优惠、更迅速和更可信时，那些酣睡的公司就成了他们的瓮中之鳖。

这意味着什么？这意味着每一家服务公司都应该有一个首席技术官负责学习如何将新科技转化为竞争优势，并定期向公司管理层作报告。

此外，当公司内部对市场营销工作做回顾时，应该问及以下四个在市场回顾中至今不常见到的问题：

在我们这个行业中，我们所掌握的技术是否无可匹敌？

在所有服务行业中，与同规模的公司相比，我们所掌握的技术是否无可匹敌？

为使我们的技术在两年后的今天依然无可匹敌，我们现在是否在做着所有该做的事？

我们是否认真思考过如何将新科技创新应用到我们的行业里，以提高我们的服务质量、促进我们的业务发展？

将科技纳入市场规划的重要组成部分。

▷ 研究你的接触点

在开始销售前，仔细研究你公司与潜在客户发生互动的每一个接触点。

一般来说，你只能找到几个接触点。

你公司的前台、你的名片、你公司的大厦/店铺/办公室、你的宣传册、你参加的公开场合、推销电话或产品展示会。你是否能拿下业务就取决于这几个接触点。

然后，问自己：为了让顾客对我们留下非凡的印象，我们在每个接触点那里都做了什么工作？

不要白白浪费掉任何一个接触点，因为这也许是你能与潜在客户接触的唯一机会。

一旦那个人成了你的客户，这些接触点将继续发挥作用。

❸ 市场营销不是一个部门的事 |

但一如既往地，能让你拿下业务的接触点非常少。这里那里打一个电话，时不时参加一个会议，就是这些接触点。

你是否充分利用了这些接触点？你的客户是否感受到了尊重？是否对你眼前一亮、印象深刻？是否与你相处愉快？

研究好每一个接触点，然后逐一做出重大改进。

▷ 高中是社会的缩影

为什么这么多服务行业的人，尤其是从事的行业比较专业的人士，总认为纯粹的专业技能是成功的保证呢？这可能与他们的大学经历有关。

大学和研究生院教育我们专业技能就是一切。无论是美国大学优等生协会的入会资格、贝克学者荣誉还是马歇尔奖学金，都是属于那些专业技能强，且对自己的专业学科知识十分了解的学生。

没有任何机构会把奖颁给"人格品质"出众的学生，因为这无法通过测试衡量，但这并不意味着这些机构的做法是对的。但无论如何，大学生从中明白了一个道理：学好专业技能才是最重要的。

然而这个道理与我们在上大学前所学到的观念背道而驰。孩子和青少年学的是重视全面发展和美好的人格品质。20世纪六七十年代的高中生会将能够进入"美国国家高中荣誉生协会"视为一种荣誉,但更光荣的是能够加入"核心社团(Key Club)",该社团强调公民责任感、正直和其他人格魅力。

然后,大学诱导我们:在真正的社会生活中,绝对的专业能力才是最重要的。一次,某位采访者有幸采访女演员梅丽尔·斯特里普,斯特里普对这个错误的观点进行了反思。

"我曾经真的认为大学是社会的缩影,"斯特里普对这样的采访者说道,"但事实并非如此。高中才是社会的缩影。"

高中是社会的缩影。进入社会后,那些让你受人欢迎的性格和品质又开始变得重要起来。无论你如何讨厌、反抗,或在街上抗议,都无法改变这个事实。有能力又讨人喜欢的个人咨询师肯定会比那些虽然才华出众却不善社交的专家吸引到更多的客人。

在很大程度上,服务营销是一场竞争谁更受欢迎的比赛。

▷ 成为最有人缘的企业

梅丽尔·斯特里普的言论可再次用于解释服务营销中的另一种现象:化学反应。

我们常常听到多伊公司(Doe & Associates)之所以没能拿下大单子是因为"跟客户没有化学反应"这种说法。每次,这话都总结得很到位。

但所谓的"化学反应"是什么呢？如果行业的生存原则为"优者胜"，那么"化学反应"能起到什么作用呢？

许多潜在顾客在选择购买一家企业的服务时，他们看重的不是这家企业的资质、名声或者行业地位。相反，这些潜在顾客看重的东西自始至终就和高中生一样，他们看重的是这家企业的"个性"。

"我就是喜欢它们。"

"我对它们的感觉很好。"

"我就是觉得这家公司很适合我。"

请仔细留意这些潜在顾客所选用的动词："喜欢""感觉""觉得"。这些词都与逻辑和理性无关，而与感觉有关。

客户关系是服务类公司的重中之重。客户关系好，顾客对公司的观感就好；客户关系差，顾客对公司的观感就差。

在服务营销与销售中，那些貌似能为你赢取业务的理性条件——你的能力、卓越表现和才干都只是敲门砖，真正的决定性因素是客户的感觉，而客户的感觉则取决于公司的"个性"。

梅丽尔·斯特里普说得没错。高中是社会的缩影，能否在高中和服务营销中取得成功常常取决于你的个性。

为客户提供专业的服务固然很重要，但更重要的是，要赢得客户的好感。

市场规划中的 18 个谬误

▷ **谬误：你能预测未来**

市场规划的三大基石——预测未来会发生什么、想象自己未来希望变成的样子、为实现未来而规划道路，从一开始就摇摇欲坠。

从预测未来开始做起？别这样做，因为人类是无法预知未来的。举个例子：20 世纪 50 年代，每一位知名的商业评论家都坚信到 60 年代，婴儿潮一代开始参加工作后，社会上会出现严重的失业现象。但这些专家不仅预测错了一次，还连错了两次。

这些专家也没预测到大量的女性会涌到劳动力市场。如果按照这些专家的预测方法，大量的女性进入劳动力市场会造成更严重的失业。然而从 1965 年到 1985 年，美国社会劳动力增加了 40%，工作岗位增加了 50%。这一期间，无论是就业率还是就业人数都比其他任何和平时期的要高。

讲到另一个失败的预测，请看看你的办公室。许多专家曾预测，将会有大量的职员在家办公。但惊讶的是，现在每个人都在公司上班。选择在家办公的员工数量不足大多数人所预测的 30%。（这些专家没有考虑到上班的社交功能；大多数人希望留在办公室工作。）

不是有人说过录像机会摧毁电影市场吗？但事实是，自从录像机出现后，去电影院观影的人反而多了。看来只有烂片会摧毁电影市场，当然它们也正在这样做。

不是还有人说过电视会毁掉书刊市场吗？然而，市场上的书和大型书店正在激增。读书小组已经成了普遍的社会现象。事实上，电视可能还促进了书的销售。如果海湾战争只在收音机上广播，那么诺曼·施瓦茨科普夫（Norman Schwarzkopf）所著的书还能卖出那么多本吗？还有哪些销售方法能比作者上电视脱口秀更有效吗？

说到书店：若想更好地理解为什么说我们无法预测未来，你可以到当地的书店看看。前往数学图书的区域，看看书架上头两排的书籍，你可能会发现这些书都是用数学的分形理论来讨论今天的热门话题。分形理论源自混沌理论，分形理论主张一切事物都具有不可预测性和任意性——就算是数字间的关系也同样如此。

如果连数字都是不可预测的，连天气预报这种基于物理原理和丰富数据而做的预测都具有不确定性（混沌理论最初正是从天气预报推论而来），那么你当然无法预测人们的态度。

4 市场规划中的 18 个谬误

就算你能够确定或预测人们的态度，那也起不到太大作用，因为人们的行为不一定会与他们的态度保持一致。

就拿吸烟一事来说。自从美国卫生局第一次公布有关吸烟的危害的报告后，几乎所有人都了解到吸烟的危害性，电视和电影上也几乎不再有明星抽烟的镜头出现，公众也对吸烟进行了谴责和奚落，在这种情况下，吸烟率理应大大下降，然而事实却并非如此。

又拿我们的饮食习惯来举例。按理说，随着我们健康意识的提高和对胆固醇与日俱增的畏惧，美国的牛排店早该绝迹了。然而在过去四年里，明尼阿波利斯市新开了六家牛排店，至今无一倒闭。

理性而聪明（几乎所有的市场规划师都兼具这两种特质）的人，都预料不到上述事例会这样发展。所以说，就算你能确定人们的态度，你也无法料定人们会依照其态度行事。

由此看来，我们努力所做的计划的命运与爱因斯坦在多年前所警示的一样：

"宇宙之奇异不仅超过我们所料想的，更超过我们所能料想的。"

你永远无法预知未来会发生什么事。所以不要认为自己理应料事如神。请为未来做好几种打算。

▷ 谬误：你能知道自己想要什么

市场规划的第二个前提是：你能知道自己未来想要什么，这一观点正确与否，也同样有待商榷。在这个问题上，萧伯纳一语中的："人生中有两种悲剧。一种是求而不得，另一种是得偿所愿。"

与大多数人一样，我一直知道自己想要什么。自1962年后，我就曾希望自己能成为下一个安诺·庞玛（Arnold Palmer）、下一个《体育画报》的编辑、下一个F. 李·贝利（F. Lee Bailey）、下一个大卫·奥格威（David Ogilvy），以及下一个明尼阿波利斯市十二童子军冠军队的教练。

企业的运作方式也同样如此。当企业不喜欢曾经的目标时，就会改变主意。大多数的企业都希望自己的规模能越做越大，但随后它们就会意识到规模变大后，盈利往往会变少。也有一些公司渴望成为服务质量最顶尖的企业，但之后它们会发现质量好的服务不一定能在市场中取得回报。还有一些公司希望进军小众市场，但很快它们也会发现其竞争对手之所以这么多年来都没碰过这片市场是有道理的。

"你能知道自己未来想要什么"这一市场规划的理论基础貌似一开始就有问题。

既然如此，那是不是说明你不应该做任何规划呢？绝对不是。这说明参与市场规划的任何人应该先从这三个观点做起：

首先，接受规划的局限性。别想着只要拥有充足的数据，再把 8 个聪明人叫进会议室里，就能自然而然地做出一份完美的规划。福特汽车将 8 个精明的市场规划师叫到了会议室里，结果推出了无比失败的埃兹尔（Edsel）系列。

其次，别过于看重市场规划的结果，最重要的是整个思考过程。

最后，不要规划你公司的未来，而应规划你公司的员工。通常，你看得上眼的人才往往能够运用他们的技能，而非遵照计划，一路做出正确的决定。

▷ 谬误：营销战略至上

商界曾鼓励"营销战略的地位高于营销手段"这一观点，还投了很多钱到营销战略上。15 年前，许多拥有沃顿商学院工商管理硕士学位，渴求名利的人纷纷投身营销策划这一职业。如今，这类职业依然不失为一份好工作。但经过 1984 年，《商业周刊》回顾历史上 33 个重大的营销战略，并发现其中有 19 个是失败的后，营销策划师的超然地位便受到了影响。

许多商业类的教科书强化了"营销战略地位超然"这种偏见。这种情况不足为奇。书写这些教科书的人是大学教授，而大多数的大学教授会觉得，研究战略听起来要比钻研手段高尚。

然而在许多成功的企业中，营销手段的作用与战略不相上下，甚至超过了战略。这些公司实施了某些手段，然后从中得到启发，进而改变了原来的看法。正如访问管理（Access Management）公司的前任首席运营官汤姆·库珀（Tom Cooper）曾说的那样，"有时候，你执行的第一个营销手段就改变了你的整个营销规划"。

为能更直观地体会营销手段对战略的影响，请思考一下苹果麦金塔电脑这一案例。苹果推出的第一款新型电脑不是麦金塔（Macintosh）电脑，而是丽莎（Lisa）电脑。虽然丽莎电脑在市场上彻底失败了，但它让苹果公司知道了市场的真正需求。麦金塔电脑的产品经理盖伊·川崎承认，麦金塔电脑的发展得益于一个相当明确的策略：

装备就位——开火——再次瞄准目标。

按照盖伊·川崎的原话，那就是："指挥——尝试行动——倾听反应——做出回应——再次指挥。"

营销手段的作用不是规划全局，而是慢慢地影响整个营销过程。营销手段有时作用在结尾，有时在开头，也有时在中间。最为重要的是，营销手段往往起到了收集信息的关键作用。相比之下，营销战略就没有这个作用，你无法从战略中获取任何新信息。营销战略只是静静地坐在一旁，装出一副了然于心的样子，然而营销手段则在外面冲锋陷阵，经受市场的考验。

我曾为一位犹豫不决，不知该采取何种营销手段的咨询师提供建议。我送了他一句话：

勿论结果，先做尝试。

▷ 谬误：只要提高产品质量就能取得成功

我们依然相信"只要做出一个更好的捕鼠器，顾客就会踏破你的门槛"这个想法。但有太多的例子证明，事实并不是这样的，计算机和手表行业就是其中两个例子。

计算机行业很早就存在许多很棒的概念，但一直不为人所知，直到有人以满腔热情将这些概念从无人问津的实验室里揪出来，推至人前。施乐（Xerox）发明了鼠标、图标和视窗系统。这些概念很棒，但也仅仅是概念。只有苹果对这些概念深信不疑，将之付诸实践，运用在麦金塔电脑上，并由此改变了世界。

同样的事情也发生在了 20 世纪 70 年代的手表行业。事实上，发明了石英手表的是瑞士手表，但瑞士手表迟迟没有将这种产品推向市场。然后日本的服部（Hattori）公司买下了这项技术，开始生产这款产品，结果重创瑞士手表，几乎将其驱逐出手表市场，而在此前的几十年里，"瑞士手表"一直是手表市场的代名词。

反过来想想：如果你执行自己的想法时不抱热情，别人就会觉得你对这个想法没有信心，那他们也会失去信心。

请抱着满满的热情行动。怀着十分的热情执行三分的方案所取得的效果，总是比怀着三分的热情执行十分的方案好。

▷ 谬误：总能等到完美的时机（贝德罗克公司的谬误）

以下一则有关贝德罗克车轮公司的寓言故事能很好地说明市场规划的典型问题。

一群尼安德特人正在研究开发一种车轮。设计部在尝试不同的设计方案——椭圆形的、圆角矩形的，诸如此类，而规划部则在思考一些市场应用的问题。

终于，设计部做出了一个样品：一个完美的圆型车轮。市场营销部门热情迸发，知道他们拥有了一款市场潜力无限的独特产品。

然而贝德罗克公司的市场规划师大喊："等一下！别那么快。我们还没准备好。"

在其他人的追问之下，首席规划师说出了他设想的灾难性

4 市场规划中的 18 个谬误

理由:"听我说,你可以看到社会的发展趋势。人类已经厌倦了追逐长毛猛犸象为食,所以他们以后会希望坐在这些车轮上。而人类喜欢速度,比如他们对待性事的态度就是这样,所以他们会希望这些车轮能转得越来越快。这就意味着你的车轮需要有抓力,光滑的车轮可不管用。"

自然而然地,贝德罗克公司的一个高管终于不耐烦地问道:"那么你有什么建议?"

"很简单,"这个先知规划师宣告,"推迟上市的时间。我们需要等到人类发明了硫化橡胶后才能上市"。

听起来很荒谬?并不,这就是商业世界的常态。多年前,一家位于布卢明顿的公司做出一款非常了不起的多媒体软件。这家公司不仅能够搭乘多媒体这股浪潮,还足以掀起一股全新的浪潮。然而该公司的创始人希望能把这款产品做得尽善尽美。但世界想要一款尽善尽美的产品吗?不需要。人们想要的是马上拿到这家软件公司的产品。人们需要且愿意购买一个老式的车轮。

这家公司无止境的分析和等待最终只证明犹豫不决的人必然错失胜利。在这家公司还没推出 1.0 版本的产品时,其他公司就追上并超越了它。

今天八分的想法几乎总是赢过明天十分的想法。

现在就行动。商界的讣告栏上写满了等待的规划者的姓名。

▷ 谬误：耐心是一种美德（鲨鱼规则）

大多数人相信组织运行的规律遵循惯性原理：组织倾向于保持原来的状态，无论它原来是静止还是运动状态。

但现实似乎表明组织遵循的规律与主导鲨鱼的规律一样：如果鲨鱼不动，它就无法呼吸，继而死去。

运转中的组织倾向于保持运转状态。静止的组织则容易耗尽空气，继而死去。

雪上加霜的是，不运转很少会对组织造成任何即时的痛苦，这样鼓励了组织的继续不作为。"喂，我们要等到胜券在握才行动，既然没什么坏事发生，那就说明我们是对的。"

不作为会引发更多的不作为。等到所有不作为的后果终于爆发时（其中的一个后果就是行动导向型的人会离开公司，使公司变得更没有行动力），通常就无法挽回了。

像鲨鱼一样行动。永不止步。

▷ 谬误：脑袋要聪明一点（螃蟹思维）

20世纪80年代后期，我们在卡迈克尔－林奇（Carmichael-lynch）广告公司任职时，为我们团队的创意人员构思了几个奖项。我最喜欢的是"螃蟹奖"。

这个奖的名称是"最蠢创意奖",奖章上有一只装有发条的塑料螃蟹,由于螃蟹是横着走的,所以这个奖象征了横向思维的力量。横向思维与人们惯用的直线思维不同,所以横向思维类的想法通常在一开始会让人感觉很蠢。

但我们需要采用更多的横向思维。我们已经拥有太多聪明的思维方式了;我们的斯坦福 – 比奈智力测试平均得分超过120分,简单。我们只需要笨一点,不要害怕产生一些似乎比较蠢的想法,因为这些蠢念头常常会带来最好的结果。

正如我们每天了解到的那样,高智商人群是世界上最擅长压制好想法的人。因为高智商的人最喜欢运用他们那令人生畏的智商,通过毫无破绽的证据和逻辑来告诉别人为什么别人的想法行不通。

这些人很容易受到计划的吸引,但他们很危险。虽然他们很聪明,但他们的记忆也会出错。他们总容易忘记好的创意常常在一开始会让人感觉很蠢。

思考时脑袋要笨一点。

▷ 科学与数据的谬误

商务会谈上,没有哪句话的分量比得上"研究表明……"。

这是因为"研究"一词意味着某件事是有科学根据的。但人类的行为不具有严格的科学原理。社会科学充其量是一些得到大量证据支持的综合观察结果。

从严格的科学角度上说,市场规划研究并不是科学研究,而是一种保险措施。一家大型食品公司的前任规划研究总监坦言,事实上,他把他的部门叫作保险部门。产品经理会问他索取能够支持某个计划的科学依据,这样如果他们的产品黄了,他们就有脸面对公司的高层,并说"嗯,哎哟,科学研究说过这个计划行得通的"。

许多人依然对带有精确数据的言论另眼相待,好像他们相信那些数字具有科学依据一样。"与旧可乐相比,大多数的人更喜欢新可乐"这句话在他们听来有点可疑。"六分之五的人"听起来好一点。但"83.3%的回答者"听起来就像是令人信服的科学数据。然而他们忽略了两句话中的"六分之五"和"83.3%"的实质意义是一样的。而最后的事实结果也证明这三句话是不准确和具有误导性的,当可口可乐公司的高管陷入公开窘境时,他们明白到了这一点。

带着科学光环的东西拥有一种愚弄大众的神奇能力,请参考斯坦福研究所在 20 世纪 80 年代中期所推出的营销规划概念——VALs 模型(价值观、态度及生活方式调查)。VALs 总结出世界上一共有七种类型的人,许多人起初都相信了这个结论。难得这些人都忘了自己是什么人？

与每个人一样，这些人此前在人生中也遇过成千上万个人，并从中明白每个人都是独一无二的。这些人都寻求过友谊，并发现很少人与他们拥有一些共同点。然而当VALs的人（一所顶级大学里受过良好教育的人）出现，并告诉他们，"这世界上有七种人"，很多人就信以为真了。

不久后，电视广告都将咖啡吹捧为最适合"小有所成者（在那个雅痞年代，VALs的人群划分中占比最多的一类人）"的饮品，这个幸亏只短暂流行过的VALs模型在营销应用中失败了。

今天，即使是研究"硬科学"的科学家也承认他们的学科每天都看似变得越来越"软"。而"软"科学甚至都几乎称不上是一门科学了，就算这些软科学所提出的概括性理论具有数据的支持也一样。

我的朋友约翰·蒂尔曼，一名学习硬科学的聪明学生，曾解释过为什么他从不学习任何一门社会科学。"社会学，"约翰坚持他的看法，"只是在用一些系统而高大上的方式来描述显而易见的事物"。

不要相信所谓的"事实"，也不要将市场规划理解为一门精确的科学，它只是一门不精确的艺术。

▷ 焦点小组的谬误

有时候，一加一的效果大于二。

比尔·伯恩巴克在 20 世纪 50 年代发现了这个现象，当时他引入了一种新的工作方法，为广告业注入了新的想象力。

这种工作方法就是让广告文案和美术指导进行团队创作。在伯恩巴克提出这种方法之前，文案和美术指导都是各自独立完成工作的。文案想好广告创意、标题和一些广告语，然后将其写好的内容塞进美术指导的门缝底下。美术指导再对广告创意进行加工，然后做好排版。瞧！一个广告就做好了。

伯恩巴克深信头脑风暴的作用。头脑风暴就是至少两个人的想法互相碰撞的过程。他相信如果一个人能够想出好点子，那么一个团队就能够想出更好的点子。

之后伯恩巴克在恒美广告公司的团队为安飞士、大众和宝丽来所设计的广告也证明了伯恩巴克的想法是正确的。

鉴于小组形式的头脑风暴效果良好，所以许多服务公司或许能从焦点小组的头脑风暴中收获许多新想法。

或许可以。但请想想服务市场中的这些重大创新：自动取款机、可转让定期存单、店面税收服务、法律诊所、预测拨号系统、旅行支票、隔夜送达服务、自动航班订票系统、垃圾债券、飞行常客奖励计划及其他客户忠诚维护营销计划、信用卡、货币市场共同基金、服务期延长合约、房屋净值贷款、诉讼外纠纷解决服务、免下车服务、送货上门、数据库营销、家居购物，诸如此类。

上面列举的创意有任何一条是从焦点小组的讨论中产生的吗？

焦点小组讨论能够产生这些创意吗？

焦点小组讨论能够促进个人电脑、个人复印机、手机、掌上电脑（PDA）、传真机或其他同类产品的诞生吗？

当我们讨论这一话题时，请想想最近推出的三样创新产品：去皮的肯德基炸鸡、麦瘦堡（低卡路里的麦当劳汉堡）和低脂的必胜客披比萨。焦点小组热爱这些创意。遗憾的是，真实的消费者却不喜欢，所以肯德基、麦当劳和必胜客都舍弃了这三样产品。

因此，也许焦点小组能够通过头脑风暴为你提供创意，但你不能对其过于迷信。

请谨慎对待焦点小组，焦点小组只关注眼前，而市场规划则重在明天。

▷ 记忆的谬误

天赋过人的科学作家史蒂芬·杰伊·古尔德（Stephen Jay

Gould）曾写过一篇有关我们的记忆是如何欺骗我们的精彩文章。多年来，古尔德一直记得他少年时期那些阳光灿烂的午后，他与父亲站在通往森林山网球中心的台阶谈话。几年前，古尔德回到了以前的街区。他正在散步。突然，他看到了那些台阶。

台阶通往的是磨坊的破门。

我们的记性很糟糕。我们常常回忆过去，然后看到现实并不存在的事物，将与事实有出入的记忆作为某种证明。

在做市场规划时，请对自己记忆的正确性保持警惕。

▷ 经验的谬误

他们说人可以从经验中学习。有些人确实可以。

但请看看下面这个例子：明尼苏达州的一家公司认为它从失败的广告中学到了一个道理。1988 年，该公司请了一些知名度不高的当地明星做形象代言人，然后将其拍得平平无奇的广告投放在全国性电视台播出。这个广告没有泛起一丝水花。于是该公司的市场总监就想当然地得出请明星拍广告没有用这个结论。

耐克的人应该给她传授一些经验。

20 世纪 80 年代早期，明尼苏达州的一家奶牛场搞了一档全国知名的广播广告节目，该节目围绕奶牛场的管理员日常展开。在一个春天的早上，奶牛场的一个高管收到了一封投诉信，写信人是一位老太太，她很恼火奥德·保尔森——就是奶牛场的管理员——在广告节目中说到奶牛场的冠军奶牛让他想起了他的老婆。随后，这个高管约见了广告公司的两个员工，给他们读了这封信，然后将信扔进抽屉里，并坚持要求广告公司终止这档广告节目。依据这位高管的原话，这封信说明了，"这档节目出现了幽默笑话。'而人们不喜欢幽默'。"

我们在做推论时，很容易以偏概全。我们总希望建一个藏书室，然后在里面放一些放之四海皆准的定律。因此，我们就断定请明星拍广告没有用、人们不喜欢幽默，以及其他种种以偏概全的例子。

你的经验真正说明的是什么？一般情况下，说明不了任何问题。你以为从经验中学到的道理有可能让你放弃了本来有 90% 成功率的营销策略或手段。

不要盲目相信自己从经验中总结出的道理，请保有健康的怀疑之心。

▷ 自信的谬误

你对自己的业务有以下认知：

"我们的顾客只看价格。"

"电信营销对这些顾客没用。"

"就算我们能够提高质量，顾客也不会为更高的质量而多花钱。"

你对自己的业务有类似上述这样的认知。但你的认知真的没错吗？

你在每个公司都能听到类似的"真理"。通常，这些真理都是由公司的某个人先说起的——我们就叫他威尔吧，而这起初仅仅是他的个人观点。然后威尔开始用他的这个观点看待任何事。他抓住任何支持这一观点的证据，而无视其他反面例子。不久后，威尔对他的观点坚信不疑，然后向其他员工传播。这些员工被威尔的好名声与其如此坚决的说法所征服，成了这一观点的信徒，并进一步散布了这些说法。很快，威尔的个人观点就成了公司内人所共知的教义。

但是很多这种所谓的"真理"是错的，就像很多你对自己业务的认知也是错的一样。

我、你和威尔常常不知道我们的许多认知其实是错的，这一发人深省的事实已被几十项研究所证明。这些研究对一群认为自己在某些方面拥有绝对权威的人进行了测试。被测试者先需要回答一系列问题，回答完每个问题后都需要再回答以下问题："从1%到100%，你对自己答案的正确率有多少把握？"

发生了什么？

被测者认为 100% 正确的答案，只有 85% 的正确率。

换言之，在你自己深信不疑的认知当中，有 15% 是错的。

对于大多数公司而言，那 15% 的错误——那些在全公司广泛流传，每个人都深深相信的错误观点，是你的业务中最有可能做出改善的地方。找出来，改掉这些错误。

如果你容易盲目自信，可以参考杰伊·恰特（Jay Chiat）的做法，他是恰特德（Chiat Day）广告公司的老板。恰特德广告公司是美国许多知名广告背后的操刀者。恰特在他口袋里放了一张纸条，这张纸条提醒他，无论何时，当他与人发生争论时，应该想想写在纸条上的一句话：

也许他是对的。

也许其他人是对的，而你是错的——就算你对自己的看法很自信。这些测试说明了自信的谬误（心理学家称之为"过度自信偏差"），同时告诉你不要过于相信别人的论断。事实上，很多公司无意中就走上了"盲从之路"，总做着最有说服力的人认为该做的事。

那些主题为"质疑权威"的后备厢贴说得很有道理。就算当你或其他权威人士对某事很自信时，你也应该对他做出质疑。

尤其是当那个人是你自己时。

请注意不要因过度自信而产生认知偏差。也许他是对的。

▷ 谬误：追求完美能带来完美的结果

你很容易被困在营销策略这一步上，迟迟无法执行营销手段，因为追求完美的渴望麻痹了你，让你无法做出行动。

下面是帮助你评判"最佳计划"的一个好标准：

a) 很好

b) 好

c) 最好

d) 不好

e) 糟透了

"最好"排在"好"下面？为什么？

因为要做出最好的市场计划，通常会让事情变得很复杂。首先，所有人都能够在"什么是最好的市场计划"这一问题上达成一致意见吗？

要达成一致意见需要花费多长时间？

要做出最好计划需要花费多长时间？

为了完成最好的市场计划，我们要在其他方面——工作环境、生产率、交货速度——做出多少牺牲？

也许最重要的是，你所追求的完美真的有利于受众吗？潜在顾客或客户真的在意吗？在成本上，真的值得吗？

市场规划的过程容易吸引完美主义者陷入其中，但某样东西却让他们迟迟无法做出行动，那就是他们对于不完美的恐惧——他们害怕会在实施过程中暴露出这个计划并不完美。所以与其冒着被发现的风险，他们选择了不行动，默默等待。

许多全局观很强的优秀思想者总在竭力追求完美，又被这种追求所累。然而，对于完美的追求往往会导致拖延的发生。

别让完美的计划毁掉了好的计划。

▷ 谬误：失败就是失败

没有哪种恐惧比对于失败的恐惧更普遍？

但什么才是失败呢？

罗伯特·汤赛德（Robert Townsend）是帮助策划安飞士在20世纪60年代成功逆袭的牛人，他曾说，在他做过的每三个决定里就有两个是失败的。

美国最棒的职业篮球队每三分钟就投丢一次球，甚至没投过一次篮。

传奇高尔夫球手本·哈根（Ben Hogan）曾说，在十八个洞里，他通常只能准确无误地将两三个球打进他预想的洞里。

弗雷德·史密斯（Fred Smith）在他的研究生商学院论文中描述了他对于联邦快递的构想，而那篇论文只拿了C。

世界棒球冠军只需要在所有的锦标赛中取得57%的胜率。

说起失败这个话题，就不能不提到 3M 公司。3M 公司曾在几乎两年内没有做成一笔买卖。接着在 1904 年，他们尝试卖砂纸。两年后，砂纸的营业额达到了平均每月 2500 美元——可包含成本的支出每月高达 9000 美元。1907 年，威廉·麦克奈特（William McKnight）成为 3M 公司的助理簿记员，当时由于公司困难重重，所以他接受了股份而不是现金，等到 1978 他退休时，他拿到了 5 亿美元。

如果说因为一个想法可能会失败，就扼杀掉这个想法，这毫无道理。任何的想法都可能会失败。如果你正在做的是有意义的事，那你可能会遭遇很多次失败。

开始遭遇失败的打击才能走上成功的道路。

▷ 专业知识的谬误

在你打算寻找专家为你的市场规划提供专业意见前，请问自己一个问题：什么人是专家？

《华尔街日报》会定期将美国最好的证券分析师所选的股票与一撮飞镖随机扔中的做比较。在过去的一年里，飞镖随意扔中的股票走势比那些专家经过数月的研究和凭借数年的经验所选出的要好。

什么人才是专家？比一般人拥有更多数据和经验的人就是

专家吗？但这些数据和经验有什么用？大多数不同层面的数据会支持两个截然相反的结论——这就是为什么《麦克劳克林团》（*The McLaughlin Group*）以及类似的辩论节目会受到欢迎的原因。

为什么说"专家经验"的价值暧昧不明，这另有原因。生活中的每一段经验都是独一无二的。每次我们将从一段经验中学到的东西套用到另一段经验时，我们都假设这两段经验是一样的。

但它们永远不可能一样。

不要每一件事都找专家要答案，因为根本就没有所谓的答案，有的只是有根据的看法。

▷ 权威的谬误

很可能你所在组织的运行原则是阿尔法原则（Alpha Principle）。人们的做事原则不是听从明智的意见，而是听从权力。

大多数组织的运行规则与我们祖先猿猴的相似。作为首领的阿尔法猿命令整个猿群做事，成为整个猿群的大脑。

然而这是因为阿尔法猿更擅长做决定吗？不一定。阿尔法猿只是更加擅长获取和守护权力。在大多数组织里，充当阿尔法猿的人只是那些样子看起来和声音听起来似乎更有权威的人。（几项研究结果显示，最能预测一个工商管理硕士起薪的指标是这个人的身高，而非他在商学院的成绩。）

如果你的想法没有被公司里的聪明人否决，那很可能会被你公司里的阿尔法猿否决掉。

如果你就是公司里的阿尔法猿，那就学会闭嘴。向本·泰勒（Ben Taylor）学习，他是经营位于明尼苏达州的易得训（Executrain）特许培训中心的阿尔法猿，他所经营的易得训中心经常能在全美国这么多家成功的易得训中脱颖而出。当被人问及他的成功经验时，他的第一个回答就是"我会聆听别人的意见"。

后备厢贴上的话是对的：质疑权威，质疑阿尔法猿。

▷ 常识的谬误

一个客户曾告诉我"做市场规划很简单，只需依靠常识"。不幸的是，常识没有那么常被人使用。[1] 事实上，人们做

---

[1] 一个例子是，常识会告诉你汽车广告应以吸引潜在购买者为目的。但这类常识其实很愚蠢，有证据显示，汽车广告必须吸引汽车经销商才可能成功，相关内容可参阅兰德尔·罗滕伯格（Randal Rothenberg）的著作《傻瓜出没的地方》（Where the Suckers Moon）中关于威登 & 肯尼迪广告公司（Widen & kennedy）为斯巴鲁汽车所策划的失败广告项目"驾驶什么"的描写，此书写得很有吸引力。

4　市场规划中的 18 个谬误

出与之经验相悖的事是很常见的——回忆一下 80 年代那些相信 VALs 模型的人。或更糟糕，人们会做出与其自身利益相冲突的事——人类的这个习惯促成了《愚政进行曲》(*The March of Folly*) 这本书的诞生，作者是历史学家芭芭拉·塔奇曼（Barbara Tuchman）。塔奇曼引用了一些著名的例子说明了这个问题，蒙特苏马向一支规模仅相当于你高中体育班一样的军队投降；特洛伊人决定："嘿，希腊人留下了这匹大木马，我们把它拉回我们城里去。"

我这个客户对于常识的相信之所以有问题，还有另一个原因。他认为大多数人都拥有足够的常识，能够从某一前提得出一个符合逻辑的结论，这点确实没错。但当人们在做市场规划时，会出错的并不是推导结论这一步，而是建立前提这一步。

拿汉堡王出错的例子来说。

多年来，汉堡王的市场规划都是建立在这些前提上的："(a) 人们是为了食物而来我们这里的；(b) 大多数人喜欢火焰炙烤口味的汉堡。"从以上前提，汉堡王的高管得出了这个符合常识的结论："因此，我们应该将火焰炙烤口味的汉堡作为吸引顾客的卖点。"

推论的逻辑无懈可击——但所有前提都是错的。人们去快餐店并不是为了满足味蕾的，而是为了买到快速、便宜、味道还不错、能够解决饥饿的食物。汉堡王拥有着良好的常识，但却损失了数百万美元——因为他们的前提都是错的。

无论何时，常识对任何学科都有所帮助。（我的父亲是外科医生，他说 90% 的外科手术都是常识的运用。伍迪·艾伦也说过有类似含义的话，他说 90% 的成功都是常识参与的结果。）基本上，市场规划涉及制定一些数量有限的广泛策略——创造真正的差别、创造价格优势、找到一个未开发的小众市场并向其转移，以及其他策略。这一阶段，常识确实能帮助你从各个策略中做出选择。困难和重要的是下一步。

你该如何执行选定的策略？你该如何满足小众市场的需求？你该如何打造差异性？你该如何吸引和转化潜在顾客？或是你该如何吸引和转化你们公司自己的人？

你该如何取得成功？

在这一个领域，营销策略的领域，你的选择是无限的，所以常识在当中几乎起不到太大作用。在这一阶段，常识更是一面盾而非一根矛，它能保护你，而不能为你冲锋陷阵。

本世纪的许多杰出市场创新——L.L. Bean 靴、个人电脑、次日送达或其他创新商品或服务，都无关乎常识，是飞跃的想象力创造了它们。

常识无法帮助你走得更远。要获得创新结果，你需要灵感。

4 市场规划中的 18 个谬误

▷ **命运的谬误**

当与明尼阿波利斯市的以色列圣殿战略规划委员会谈话时，我引用了电影《金色年代》（*My Favorite Fear*）的一句台词："犹太人总是很清楚两件事，一件是如何忍受磨难，另一件是如何找到好吃的中餐。"来开启命运的谬误这个话题。

我还跟他们说到，《积极思考的力量》（*The Power of Positive Thinking*）是由一位白人清教徒写的这件事也不足为奇。我问他们："嘿，你能想得到一个名字叫戈尔德贝尔格（Goldberg）这样典型犹太人名的人居然会写一本有关积极思考的书？"

我知道讲有关犹太人的笑话能逗笑犹太人，但我说这话的动机很认真。相信宿命论的团体、人和公司是存在的。有些人无法想象他们能取得成功。有些人害怕相信他们会取得成功因为他们畏惧失望。很多人会说："我们做过类似的尝试，但行不通。"

在 1969 年的世界职业棒球大赛上，纽约大都会球队的队员都不相信球队能赢得比赛。在此前的许多年间，他们一直遭人嘲笑。但是他们的替补投球手塔格·麦克格朗恳求他们："你必须相信。"然后他们开始相信了。

他们的对手——巴尔的摩金莺队真希望他们没有捡回自信。

你必须相信。

锚定原理与美国运通案例：
潜在顾客的思考方式

▷ 没错，但我就是喜欢

这是一个好问题：人们为什么选择购买某样东西？

许多服务营销人员都认为顾客所做的购买决定是相当有逻辑的。潜在顾客会拿某一家公司的服务价格和性能与另一家公司的作对比，然后选择更有优势的一家。

许多服务的提供者——特别是会计师、律师、金融服务人员，往往存在这种定式思维：人类是实实在在的智人——睿智的灵长类动物，所以会客观地对商品价格和性能进行分析，并以此做出聪明、理智的决定。

但是复杂的顾客在选择更为复杂的服务时似乎并不是采用这种思维方式的。维萨（Visa）与美国运通（American Express）信用卡的竞争案例就能够说明这一点。

请将自己当作这个案例的裁判，考虑所有的证据。在美国，使用维萨信用卡的地区几乎是美国运通信用卡的三倍。

使用维萨信用卡，你可以选择马上还款，也可以选择延期还款。而使用美国运通信用卡，你必须在每个月的月底前还款，否则就需要偿还高额的罚款,以及收到来自芝加哥措辞极为不客气的通知。

一张维萨信用卡需要20美元,而一张美国运通信用卡则需要55美元。

在今天这个社会,真正理性的人在选择信用卡时考虑的是它的实用性而不是价格。如果他们拥有清晰的逻辑思考能力,那他们希望对信用卡的预期应该是在何时何地都能够使用,可以选择马上还款以免收取利息费用,也可以在有需要时选择延期还款。真正理性的人还希望能够以尽可能低的价格享受那些好处。

换言之,一个真正理性的人会选择维萨信用卡。也许地球上所有理性的人都会选择维萨信用卡。然而,是什么让几乎2500万的美国人选择使用美国运通信用卡?其中的原因是什么呢?

显而易见,是因为荣誉感。美国运通强调信用卡"会员"可以享受特权,那个会员特权就是能够成为"精英"俱乐部的一员——人数超多的"精英",顺便一提,有2500万那么多。

符合逻辑吗?

现在,有些人可能会争论说他们公司的服务类型与信用卡不一样,他们的潜在顾客比信用卡购买者更理智。但是,亲爱的公司高管,那些美国运通信用卡的持有人也是你公司的潜在

5 锚定原理与美国运通案例：潜在顾客的思考方式

客户。大多数公司的潜在顾客很少会理性地评估你公司的服务与其他公司的服务的特点并做出有理有据的合理选择。

你的潜在顾客就像接连参与了多件案子的陪审员。这些陪审员被许多证据搅得焦头烂额，经常不信任提供这些证据的一方，忽略事实，转而注意一些不相干的细节，像是被告鞋子的光泽、被告律师的友好态度等。

对顾客有吸引力的卖点才是真正的卖点。也许对顾客而言，你没有一点吸引力。

▷ 潜在顾客如何做选择：选择熟悉的

1988 年，两家电信营销公司开始营业。

史蒂夫·埃德尔曼（Steve Edleman）在内布拉斯加州的奥马哈市建立了埃德尔曼电信营销公司，他设置了 100 个通话工作站，取得一些联络方式，并在《电信营销》（*Telemarketing*）杂志的封底投放了满页广告。埃德尔曼持续每个月在这本杂志投放广告，距今已有 7 年。对一家这么小的公司来说，这个广告是一笔大投资。

三个月后，加里·科恩（Gary Cohen）和里克·戴蒙德（Rick Diamond）在明尼阿波利斯市建立了 ACI 电信营销公司，该公司拥有卓越的科技，希望一展宏图。

现在，埃德尔曼电信营销公司已成为行业巨头，而ACI只是一家还不错的公司，规模要小得多。

埃德尔曼的成功说明了潜在顾客是如何做决定的——依靠熟悉感。通过一页又一页的广告，埃德尔曼公司在潜在顾客中的知名度越来越高。因此，每当他们不确定如何选择时，这种情况很常见，他们就会选择埃德尔曼公司。

人们总会选择最有熟悉感的答案。正是同样的偏见让人们以为死于交通意外的人要比死于胃癌的人多。我们更倾向于选择比较耳熟的答案——尽管事实是死于胃癌的人数是死于车祸的两倍。

让人有点儿吃惊的另一点是：有证据显示，就算是名声不好也比没有名声强。这是由于人类身上有一种叫"忘记属性"的特性。比如说，你听到了某家公司的一个负面消息。但随着时间的推移，你可能就忘记了那个负面消息——你忘记了某个事物的属性，只记得那家公司的名字。然后，当有人问到你，在那家有负面消息的公司还是另一家你从未听过的公司中，你对哪家公司的印象好一点时，你会选择耳熟的那一家，尽管你听过的其实是那家公司的负面消息。熟悉感就是有如此强大的力量。

顾客的熟悉感是企业发展的养分。请尽全力传播你的消息。

❺ 锚定原理与美国运通案例：潜在顾客的思考方式

▷ 潜在顾客如何做选择：使用最新的数据

现在，你要如何对抗在潜在客户中，知名度比你公司更高的企业——仅是在潜在顾客的大脑中占据更多空间的公司？

你试图利用人们的另一个偏见：近因效应。

美国国内税务局也很了解这个原理。每年三月，美国国内税务局都会在全国的报纸上植入一些有关逃税检举的大新闻。（罗伯特·西奥迪尼（Robert Cialdini）在其名作《影响力》（*Influence*）中指出，美国国内税务局的植入新闻变得非常普遍，《芝加哥论坛报》还将"年度税收警告：20 例起诉案件"这篇报道作为其 1982 年的头条新闻。）这种近期的信息更容易让人们做出不逃税的决定。

经常参加产品展示活动的公司懂得如何运用"近因效应"。这些公司——至少最聪明的那批公司，会尽一切努力成为最后一个作展示报告的公司。在许多服务行业里，这是一种主场优势。

利用近因效应的方式有好几种，讲述这些方式就能占据一个章节。

最重要的一点是，你应该一直利用这个效应，做出一些与你的展示报告一样构思巧妙、强而有力的后续行动。

在这种时候，不够惊艳、激情不足的讲话是行不通的。

行动起来——精明的竞争者会说一些更有力、更有效的话，然后拿下业务。

利用近因效应，并以出色的后续行动贯彻始终。

▷ 潜在顾客如何做选择：够好就行

两年前，我在一场销售演讲中落败了，但明显对于那位客户而言，我才是更好的人选。没有任何一个相隔两个时区以内的人对那位客户所在行业的了解比我深。在那个行业，没有任何人取得的业绩比我更成功。我的竞争对手都没有相关的业绩。

这只是我的想法。但很遗憾，我与客户沟通得来的信息也是这样。

当然，我输了。这场失败让我想起了人类做决策的一个基本准则。人们不指望做出更好的选择，他们只希望不做出错误的选择。

研究决策制定的专家把这种心态称为"寻找够好的选择"。每一天，这种心态影响着人们所做的每一个决策。事实上，在我写下这节文章那天，这种心态也影响了某个决策：

明尼阿波利斯市的《星论坛报》（*Star Tribune*）对此决策进行了头条专题报道："布雷耶（Breyer）是第三选择"。哈里·布莱克门（Harry Blackmun）退休后，比尔·克林顿必须选人填上最高法院的空缺。克林顿属意的人选是他的内政部长布鲁斯·巴比特（Bruce Babbitt）。但那样就会使内阁空出了一个位置，还可能会引发一场令人尴尬的人选争夺战。选布鲁斯有风险。

克林顿还喜欢上诉法官理查德·阿诺德（Richard Arnold）。但阿诺德有健康问题和可能会引起女性反对的纪录。

所以尽管斯蒂芬·布雷耶的审判经验有限，克林顿还是选了他。正如克林顿的特别顾问劳埃德·卡特勒（Lloyd Cutler）跟媒体所说的那样："布雷耶存在的问题最少。"

与其他数以百万计的普通人一样，克林顿没有选择最有资格的候选人——可能是最能胜任工作的法官。克林顿找的是"足够好"的人选，并选了问题最少的人。

在商业世界中，"寻找够好的选择"这种心态也反复出现。所以每当你向潜在客户做推销时，问自己："潜在客户会觉得聘请我们有什么风险？"然后，不要提醒潜在客户那些风险——那样只会让他们感到害怕，逐一消除他们的顾虑。

在我的案例中，我需要消除客户的两个顾虑。由于我是一个专家，所以他们担心我的收费贵得离谱，并且一意孤行。还有就是我曾为更大的客户做过更大的项目，所以他们担心我会对他们的项目不上心。

但我那时没有消除他们的顾虑。我那时太在意告诉他们我才是更棒的人选而忘记使他们相信我会是一个好人选。

> 不要急于展示自己才是更好的选择,让自己先成为一个好选择。然后消除任何可能令你成为一个糟糕选择的障碍。

▷ 锚定原理

琼·戴维斯在机缘巧合中进了史密瑟斯公司当秘书。

好几个月以来,她试图让她上司相信她更擅长管理。琼的上司最终软化了,答应说服他的上司给琼一个机会。然后琼得到了尝试的机会。不幸的是,全公司的人很快就产生了这种刻板印象——"琼不适合这份工作"。灰心丧气之下,她辞职去到了阿珀吉公司。四年后,琼成为了阿珀吉公司的副总裁。

一个研究员转动一个轮盘,然后停在了800这个数字上,之后他问了研究小组一个问题:林肯在葛底斯堡演说中一共说了多少个字。该小组的平均答案是800。而在轮盘停在了275这个数字后,研究员又问了第二个小组同样的问题。他们的平均答案是275。

彼得去了一家公司面试。他的面试官莎拉在彼得开口说话的一分钟内就做出了决定,而这正是多个与面试进程相关的研究一致得出的可能结论。

这些例子有什么共同点?锚定原理。史密瑟斯公司的人一开始就形成了这种固定认知——"琼仅仅是个秘书"。参加葛底斯堡演说测试（许多其他类似测试也说明了这个原理）的对象将他们的思维"锚定"在了他们看到的轮盘的数字上，尽管那些数字与葛底斯堡演说并没有任何联系。面试官莎拉将她的思维"锚定"在了彼得一开始呈现的外表和言谈上。

如这些例子所示，人们不仅会产生第一印象，还会被"锚定"在这些印象上。

更重要的是，没有太多时间的人——今天几乎所有的人都是这样，更习惯凭借第一印象快速做出判断，并以此为依据做出所有决定。聪明的营销人员必须意识到这种强烈的倾向。第一印象再重要不过，它迅速就形成在人们的思维中，并成为决定你是否能取得成功的"沉锚"。

潜在客户已经对你形成了哪些刻板印象？

你怎样才能战胜这些刻板印象？

你留下了怎样的第一印象？你说的第一句话是什么？你在最开始怎样定位你的服务？

确定并擦亮你的"沉锚"。

▷ 最后印象深入人心

查理·布朗注意到莱纳斯的鞋面很光亮，但鞋背有磨损痕迹，他告诉了莱纳斯这个情况，莱纳斯说他知道，他是故意让鞋子这样的。

"我在意当我进入房间时别人怎样看待我,但我不在意当我离开房间时他们怎样看待我。"

莱纳斯可以说是大错特错。

在多次实验中,依次向人们展示一系列物品——比如按照苹果、梨、桃子、李子干、石榴的顺序,人们最容易记得的是苹果和石榴。他们记得第一个和最后一个出现的物品而忘记了中间出现过什么。

了解到第一和最后印象的特别力量后,广告商就愿意为了在杂志封面和封底投放广告而支付高昂的费用。

写作课老师同样了解这个原理,因此他们鼓励学生将他们最有力的论点写在每个段落的开头和结尾句子里,中间只需填上合理内容。

美国全国连锁托儿中心"爱心托儿中心(KinderCare)"的管理人员也了解"最后印象"的法则。"如果孩子在一天结束时心情愉快,"爱心托儿中心负责市场营销的高级副总裁约翰·卡奇(John Kaegi)曾这样说道,"那么愉快的心情就能维持到第二天早上和全天"。

最后印象的法则还反映在许多其他方面,比如在道歉和原谅这件事上。一个人通过道歉给人留下的最终印象常常可以使人忘记他犯下的过错。

⑤ 锚定原理与美国运通案例：潜在顾客的思考方式

你给别人留下的每一个印象 —— 至少暂时来说，会成为你给别人留下的最后一个印象。因此，努力给别人留下深刻的每一个印象。

▷ 有风险的业务

从坦帕市驾车前往迪士尼乐园的途中，约珥·威索尔和朱蒂·威索尔感到饿了。于是他们开始找吃东西的地方，然后选中了一家汉堡王餐厅。

他们的选择似乎很奇怪，因为他们并不喜欢吃大汉堡。那他们为什么选了汉堡王呢？

他们还有两个未知的选择：两家门店环境优雅，食物味道看来不错的本地餐厅。如果他们选了其中任何一家餐厅，那他们就可以享受到更多汁的汉堡、更新鲜的沙拉和热情的员工服务。

威索尔夫妇在想什么呢？他们的想法与每一家服务公司的每一个潜在客户的一模一样。他们要找的不是最心仪的服务，而是风险最低的。他们没有选一家也许能带来美好体验的餐厅，而是做了降低风险的选择，避免选到一家体验差的餐厅。

这对夫妇所做的事与那天全国各地许多人在选择会计师事务所、改装公司、干洗店、清洁公司、人力资源咨询公司和其他成千上万的服务时一样。他们不是在表达偏好，而是在降低风险。

没错，你需要提高服务质量——但也要让潜在客户觉得选择你的服务没有太大风险。

▷ 客户的恐惧是你唯一的恐惧

你的潜在客户佩吉，感到很害怕。

你销售的业务只是服务这种看不见的东西——仅仅是你许下会做某事的诺言。

佩吉很害怕。因为她在考虑购买的是某种看不到的东西。

她感到很不安——这是潜在客户怀有的典型心情。

十有八九，佩吉会因为害怕而选择不购买，尽管她需要你的服务，并且能从你的服务中获益，尽管你的公司是她的最佳选择。

对佩吉来说，保持观望的风险更低。

此时，你不需要再向她推销。

你需要做的是减少她的恐惧。

怎么做？

产品生产商是怎样做的？他们提供免费试用或无条件退款保证。

你可以这样做吗？通常情况下，你可以。不要请求客户把重大业务交给你，而是说服他把一个小项目交给你。帮他做一件小事，一个小调查，一条企业简介，为他们的退休计划提供免费评估等。如果你争取的是一个大案子，那么就先从细小部分入手，一个佩吉不担心，而你又能妥善处理的部分。

请时刻记住：佩吉很害怕。

争取一个项目的最好方法就是消除她的恐惧。你可以为她提供一段服务试用期或是一个试用项目。

▷ 暴露你的缺点

20 世纪 80 年代中期，克里夫兰州立大学的研究人员有一个惊人的发现。

研究人员为两个虚构的求职者——戴夫和约翰制作了两份一模一样的简历和相差无几的推荐信。唯一的区别就在于约翰的推荐信上多了这样一句话："有时候，约翰有点儿难相处。"

研究人员将这两份简历给了人事主管看。人事主管比较想面试的是哪个求职者呢？

是"有时候，有点儿难相处"的约翰。

研究人员得出结论，对约翰的批评反而使推荐信里对约翰的夸奖看起来更加可信，让人事主管觉得约翰是更适合的人选。

暴露约翰的缺点其实反而帮助了他。

但是这个学术研究适用于现实世界吗？可以问问汤姆·基切，他是第一保护（First Protection）公司的区域销售经理，第一保护是一家提供海洋服务合约的公司。多年来，汤姆在开始做销售演示时都是采用——列举出其合约所涵盖的重要部分的方式，直到 1994 年，他决定换一个演示方式，转而通过——列举出其合约没有涵盖的部分开始销售演示。结果如何？汤姆的销售转换率得到了大大的提高。

与其隐藏你的缺点，不如大方承认。

这样会显得你更加真诚和值得信任——在推销服务时，这点十分重要。

说真话。即使受伤，也会有所帮助。

▷ 细节是关键

坚信"我们行业的所有公司都差不多"这个观点的人必须得明白人类的一个特点。

人们需要找到能够证明他们所做的决定是正确的东西。所以他们会寻找能够支持他们做出决定的差异点。

这对一家所处行业的所有公司都很相似的公司来说意味着什么？

5 锚定原理与美国运通案例：潜在顾客的思考方式

意味着两家服务公司越相似，每一个不同点就越重要。

当潜在客户很难在大的方面找到不同点时，他们就会往小的方面寻找差异：大厅的布置、名片的颜色、宣传手册的大小，甚至是销售员的古龙水味道。当潜在客户找不到两家公司的真正差异时，他们就会寻找其他小方面的不同点。

这话值得再说一遍：

服务公司之间越相似，差异点就越重要。

事实上，许多有效的公司管理措施可以看作对看起来微不足道的细节的管理。

重视琐碎的细节。

6

你说的越多,听的人越少:
定位与专注

▷ 无比专注

问问多米诺比萨（Domino's Pizza），你会发现成功的市场营销始于市场定位。

这一原则就是阿尔·里斯（AL Ries）和杰克·特劳特（Jack Trout）所提出的市场营销经典理论——定位理论的核心。定位理论最核心的内容在于：

❶ 你必须定位好自己在潜在客户眼中的位置。

❷ 你的定位应该要专一，专注于一个简单的信息。

❸ 你的定位应将自己与竞争对手区分开来。

❹ 你必须做出牺牲。你无法满足所有人；你必须只专注一样东西。

多米诺比萨就展现出了强有力的服务定位。多年来，多米诺从来不提质量、价格或价值。相反，多米诺的一个个广告坚持不懈地突出它的速度："30分钟内到达，否则免费请你吃。"

结果，多米诺在比萨送餐行业里拥有了自己独特的速度品牌优势。当人们提到快速、可靠的送餐服务时，他们就会想到多米诺比萨。

今天，当记者向多米诺的总裁汤姆·莫纳亨（Tom Monaghan）问及他的成功秘诀时，他是怎么回答的？

"无比专注地把一件事做好。"

在某一方面脱颖而出会给你带来一个有力的竞争优势。

▷ 定位的恐惧

一个快速问答：

以下哪样东西是服务营销人员最恐惧的：

A) 他们必须切实执行自己的服务所提出的定位建议？

B) 《惊魂记》（Psycho）中的洗澡场景？

正确的答案是 A。

为什么会有这种恐惧？因为专注于某一样东西就意味着你不能再在其他方面下功夫。你必须做出牺牲。

"不！我们不能放弃那个业务！我们必须说我们擅长这个、这个和那个！我们牺牲掉的是机会。别提了！"

专注于一个小方面并不是在牺牲机会，而是在创造机会。

北欧航空公司就是一个很有说服力的例子。1980 年，面对 2 千万美元的亏损，北欧航空的高层决定将其航班定位为"商务乘客航班"。仔细听听，你几乎能听到从斯德哥尔摩传来的反对之声：

"什么，这样不是得牺牲掉旅游乘客吗？广告里都是一些西装笔挺的金发雅痞？游客会放弃我们的，我们得搞定他们。"

选择做出牺牲的人赢得了争论，成功落实商务乘客定位。此外，他们还赢得另一样东西：更多的旅游乘客。

事情是这样的：

北欧航空专门为商务乘客推出了"欧洲级"航班。欧洲级航班为乘客提供了加入橄榄的马爹利酒、宽敞的座位、电话、电传机以及单独的 4 分钟快速值机柜台、免费的饮料、报纸和杂志。

此举让北欧航空重获新生：欧洲级航班在第一年为北欧航空赢取了 8 千万美元的收益。但另一件有趣的事发生了。由于商务乘客都是以原价购买机票的，所以航空公司能从商务乘客身上获得更多的利润。因此，北欧航空有能力为旅游乘客提供折扣机票，以填满商务乘客余下的座位。也就是说，他们能为旅游乘客提供更低价的机票。

他们也如此做了。很快，北欧航空就幸运地拥有了全欧洲航班中最多的以原价购票的商务乘客，以及全欧洲最低价的游客机票。

简言之,将北欧航空定位为最受欢迎的商务航班使其成了最受商务乘客和旅游乘客欢迎的航空公司。

一些牺牲是必须的。

要想提高你的吸引力,先要缩小你的定位。

▷ 以小见大的推论逻辑

在北欧航空开始重获新生的同时,纽约的一家律师事务所也在谋划一场相似的成功。虽然并非有意为之,但是世达国际律师事务所的意外崛起也同样体现出了专注的力量,律所的合伙人现在也承认了这一点。

首先,来说一下故事背景。长久以来,最享有盛名的纽约律师事务所都被来自哈佛、耶鲁和某些"正确的"俱乐部的"白人盎格鲁撒克逊新教徒"绅士阶层所占领。绅士律师是真真正正的绅士。除了对抗别国的血腥进攻和别人对其妻子的赤裸诽谤外,一位绅士是不会与别人战斗的。

这一道德规范意味着绅士律师不会参与商业中最血淋淋的战争——收购战争。因此,当 20 世纪 70 年代企业并购盛行时,纽约的绅士律师事务看待这种行为的眼光就与印度其他原住民阶层看待贱民阶层一样。绅士律师的这种厌恶转而为纽约的法律市场创造了一个机会，乔·弗洛姆（Joe Flom）欣然投身其中。

世达国际律师事务所的驱动力和重要合伙人——弗洛姆所拥有的选择不多。与其事务所大多数的合伙人一样，弗洛姆没有上对大学（纽约市立学院），也不属于某些特定的俱乐部。对弗洛姆而言，将世达国际律师事务所定位在企业并购业务上并不需要勇气，只需要兴趣和房屋抵押这两样弗洛姆和其他每个合伙人都有的东西。

但世达的专业定位——仅专注于企业并购业务，很快就产生了惊人的效果。从占领20世纪七八十年代的企业并购业务开始，世达很快就将业务拓展到每一项传统业务上。到了1989年，该企业获得了5.175亿美元的收入总额——足以进入财富500强，并且是当时世界上最富有的律师事务所。

世达所获得的巨大成功全部始于弗洛姆的专注定位。专注于企业并购之所以能帮助世达吸引广大客户的原因很简单。无论并购业务有多丑陋，如果一个律师能够应付这类业务，那就充分表明他足以处理好复杂的案子和人情，压力之下依然风度不减。简言之，如果你能处理好并购业务，那你几乎能做好任何事。

世达的成功表明了某些定位可产生以小见大的力量。世达将业务定位在某一个复杂的领域上，能够吸引那些需要解决的问题没那么复杂的客户。"如果这么棘手的问题他们都能解决,那么以小见大,他们也能处理好这个问题。"

问自己:根据以小见大的推论逻辑,你的公司可以通过发展和宣传什么专业技能以彰显自己在其他领域也很在行?发展和宣传什么看家本事才能清楚地暗示你的公司还拥有其他许多宝贵技能?

在你的行业中,最难的业务是什么?将自己定位为那个业务的专家,你将受益于以小见大的力量。

▷ 光晕效应

为什么服务行业的人如此害怕做出定位?因为他们害怕只突出一种优势会限制他们对顾客的吸引力。但其实并不会这样,其中的一个重要原因就是:人们会联想。

比如说,我们容易觉得魅力大的人比缺乏魅力的人更聪明、更友好、更诚实和更可靠。我们将一样积极的东西——魅力——与其他美好的特质联系了起来。

我们设想穷人缺乏主动性,不够聪明,没那么值得信任,不太在意干净和外表,然而我们实际看到的穷人却很少有这些特征。我们会联想,会自动地将一样消极的东西——贫穷——与许多其他消极的东西联系到一起。

这就是人类的思考模式。这就是你的潜在客户的思考模式。

《定位》一书中提到的长岛银行这一有趣案例，证明了服务营销中的光晕效应。

长岛银行的人事部门测试了人们对该银行的看法，然后发布了几个强调长岛银行是长岛的本地银行的广告。广告中没有提及银行的资产、业务范围或服务质量。在广告发布后，银行再次测试了人们对该银行的看法，并发现一个惊人的事实。

人们对该银行的一切：分行数量、业务范围、服务质量和资本都有了更深的认知。

所以当下次你说出"但我们必须要提这个、这个和这个，这些都很重要"这类话时，请记住长岛银行的案例，以及光晕效应的力量。

提及一个积极的方面，然后人们就会将你与所有积极的方面联系到一起。

▷ 没有两家相同的服务企业

在定位探索的过程中，如果你问一家服务公司的领导人："你公司有什么独特之处？"你常常会得到一个失望的回答。

"坦白说，没有。我们行业的所有公司都差不多。"他的话是错的。每一家公司都有独特之处，而创造和宣传这些独特之处是有效市场营销的关键部分。

历史表明一切事物都能变得与众不同。多年来，番茄酱、面粉、泡菜和糖——此处仅列出这四样产品，都是大桶大桶地在街角小店里卖。然后亨氏、金牌（Gold Medal）和 C&H 出现了，将这些毫无特色的商品变成了与众不同的品牌，并赚得盆满钵满。

如果购买者能够观察出不同的番茄酱、面粉、泡菜和糖之间的不同之处——从生物和化学的角度上说，同一样物品都几乎是一样的，那他们当然也能观察出不同服务公司之间的不同之处。毕竟，所有的服务公司都有一样独一无二的组成部分：人员，世上没有两个相同的人。

两家公司吸引来的人员、他们做的工作、他们传递的信息和接受的训练、他们学习的效率，或者他们工作的效率都几乎不可能相同。不是几乎不可能，是绝对不可能。人与人之间的差别太大了，而他们与不同环境的互动只会加大这些差异。

此外，潜在客户对不同服务公司的观感也有所不同。我们所有人一走进一家公司就能探测工作人员的状态。如果是一家朝气蓬勃的公司，在进入公司大厅的 15 秒内，人们就能感受到热情、能量、乐观这些特点。你能从前台身上读取到一家公司的 DNA，并发现同样的 DNA 遍布全公司。

每一家服务公司都有独特之处。确定且传达出这些独特之处，并创造新的特点是取得成功的服务营销的关键。

如果你看不见你公司的独特之处，那就再使劲看。

▷ 地位是一个被动的名词，而不是主动的动词

"我们想将自己定位为市场的领跑者。"每年都有数百万的公司主管这样说。

他们做不到。

他们做不到的原因很简单：

没有任何一家公司的市场地位是一种东西。

你可以做很多努力，在宣传上下功夫，这样做有时能够影响你的市场地位。但你的市场地位是一个位置，是其他人——你的潜在客户——将你摆在了这个位置上。

就算是什么营销工作都不做的服务公司也有一个市场地位。潜在客户就只是根据他们对该公司的了解在心中定义该公司的地位。

拿我的家乡俄勒冈州的市场地位——驶往天堂的最后一站列车——来说。多年来，俄勒冈州试图吸引更多的游客。在所有障碍中，包括许多人对俄勒冈州一无所知，有一个难题是：俄勒冈州在许多人心中的地位是——一个阴雨连绵的地方。

除非俄勒冈州在接下来的 15 年里花 1500 万美元在电视广

告上，否则它在人们心中的地位将会一直是：一个多雨的州。

考虑到这一点，也许能吸引游客的最有效方法就是先利用俄勒冈州在人们心中的地位——一个多雨的州，将多雨变成一个优点。也就是说，在电视上播出这样的广告：胡德山上下着一场雷雨，伴随着一个庄严的画外音"每年从感恩节到阵亡将士纪念日（隆隆雷声），俄勒冈人忍受着所有的（倾盆大雨）……"

然后画面转到一片令人赞叹的绿色森林、美丽的波特兰玫瑰园、深浅绿交叠的俄勒冈高尔夫球场——苍翠欲滴的俄勒冈之美。与此同时，画外音的语气有些细微的变化："因此所有的夏天和秋天，到这儿来的游客可以忍受所有这些（鸟在鸣叫，冲浪的人在大笑）。"

地位是一个被动的名词：是市场对你施加的作用。你可以努力影响你的地位。又或者，你可以像上述例子中的俄勒冈州一样，将你的地位转化为你的优势。

没有任何营销人员能像安飞士租车一样，把"将你的地位转化为你的优势"这一原则运用得如此巧妙。20世纪60年代和70年代前期，由于落后赫兹租车多年，并因于"市场老二"这个地位，安飞士决定将第二名变成比第一名更受欢迎的位置。

"我们是第二名，"安飞士重复了这个广告很多年，"所以我们更努力"。

人们相信了。于是，安飞士的销售额急剧上升。

安飞士的人没有试图为公司做定位。他们知道市场对其地位早有定论。他们仅仅是最充分地利用了他们已有的市场地位。

不要从定位你的公司做起。相反，充分利用你已有的市场地位。

▷ 制定你的定位宣言

在你制作定位宣言前，给你一个忠告：不要将定位宣言与地位说明相混淆。

地位（或者说地位说明）是一份不带感情色彩的、理智的陈述，描述了你在潜在客户心中的位置。地位是你的位置。

相比之下，定位宣言讲述了你希望站到哪个位置。定位宣言是你希望通过所有媒介包括电梯、候机区等场所，传递出的核心信息，以影响他人对你公司的认知。

你可以通过回答以下问题来制定你的定位宣言：

（谁）：你是谁？

（做什么）：你从事的业务是什么？

（服务对象）：你服务的对象是什么人？

（有什么需求）：你服务的对象有什么特别需求？

（与谁竞争）：你的竞争对手是谁？

（差异点在哪里）：你与竞争对手的差异点在哪里？

（总结）：好处是什么？客户能从你的服务中获得什么独特的好处？

下面以布鲁明戴尔百货（Bloomingdale's）为例来说明：

（谁）：布鲁明戴尔百货

（做什么）：专注时尚的百货商店

（服务对象）：服务对象是注重潮流的中层阶级购物者

（有什么需求）：寻找高端产品

（与谁竞争）：与其他百货商店不同

（差异点在哪里）：布鲁明戴尔提供独特的商品与戏剧化的购物场地

（总结）：让购物过程更具娱乐性

这就是布鲁明戴尔多年来的市场定位。布鲁明戴尔没有强调独特的精品时装和高端的时尚单品（波道夫·古德曼百货的做法），或甚至没有强调时尚，布鲁明戴尔是根据顾客的购物体验来进行定位的。

你也可以依靠其他问题模型来制定你的定位宣言，但没有比这更好的方法了。

询问你自己这七个问题——然后得出七个清晰的答案。

▷ 制定你的地位说明

定位宣言展现了你希望世界如何看待你。而地位说明则呈现了世界对你的真实看法。

大多数服务公司的地位说明大概是这样的：

（谁）：某某公司

（做什么）：一家小型的服务公司

（服务对象）：想获得大公司的优质服务，却又承担不起，或不想承担高额费用的小客户

（与谁竞争）：与规模更大和知名度更高的竞争对手不同

（差异点在哪里）：某某公司的规模较小，经验没那么丰富，各方面不怎么突出。（请记住，这是一般潜在客户的典型看法，不一定与事实相符。）

（总结）：但正因为如此，某某公司的收费更低，所以客户能够少花一些钱

以上是 90% 的服务公司的地位说明，因为潜在客户对他们认知就是这样的。

你公司的地位很可能也和上面的例子一样，或者好一点点。这个地位正是你的起点。

所以问问你自己、你的客户和你的潜在客户："你的市场地位是什么？"

你的地位只存在于人们的脑海中，找出那个地位是什么。[1]

▷ 如何缩小你的地位和定位宣言之间的差距

要将潜在客户的认知从"他们如何看待你（你的地位）"转变至"你希望他们怎么看待你（你的定位宣言中所传递的形象）"，也许需要巨大的推力。你的真实地位与定位宣言之间的差距越大，你所需要的推力就越大。

问自己：考虑到我们的真实地位，人们会相信我们的定位宣言吗？

当一家中小型的服务公司试图宣传它提供的是"更优质的

---

[1] 我要再次感谢我的老朋友杰弗里·摩尔对上述地位模型的重要贡献，以及帮助我对定位这一问题进行更深入的思考。杰弗里是著名的高科技营销四大思想者之一，所有营销人都能从他的著作中学习到很多东西，其他三位分别是威廉·达维多（William Davidow）、盖伊·川崎和雷吉斯·麦肯纳（Regis Mckenna）。

服务"时，就会出现这个问题。很少有潜在客户会相信"中小型公司"与"更优质的服务"能共存。这个宣言一点也不可信。

而当一家服务公司的地位已经深入人心，却又新制定了与其现有地位严重不符的定位宣言时，也会出现相似的问题。下面以零售业这一常见情况为例：

米尔特·富兰克林一开始是保龄球用品供应商。他将其公司命名为"满星保龄"公司，于是他的潜在客户将米尔特定位为一个保龄球用品供应商。

慢慢地，米尔特意识到只卖保龄球用品维持不了日常开支。所以他又增加经营了高尔夫球用品——尽管保龄球手和高尔夫球手是两类截然不同的人，也尽管很少有高尔夫球手会相信卖保龄球用品的销售员能够分辨出 Tommy Armour 845s 和 Colt 45s 的高尔夫球杆。

在增加了经营类目后，米尔特为满星保龄公司添了一句新的宣传标语："保龄球，以及更多各类产品。"（在美国可以看到很多这种"以及更多各类产品"之类的标语，若有商店使用这类标语，就说明店主犯了定位错误。）

像米尔特这样的客户经常因取错公司名而招致这些麻烦，然后在转换了经营方向后又尝试更改名字，早在你决定——比如说，将自己的餐厅取名为哈利的大型三明治，就应该考虑好这类问题。因为根据锚定原理：大多数人都会将思维固定在你最初的定位上，并且不会接受你的新定位，如果两者之间相差太远的话。

在实现定位的过程中，你必须一步一步来，每次只能从一片荷叶跳到邻近的荷叶上。

如果你的现实地位和定位宣言之间的距离太宽，你的客户是不会跳过去的。请将你的步子迈得小一点。

▷ 如果这不是我们的定位宣言，那它是什么？

试图一次跳过多片荷叶的定位宣言虽然过于宽泛、大胆，不过也不是毫无价值。这种宣言也许可以成为你的远期目标。

留着它。它可以鼓励公司员工，定义你的长期目标，指导你的企业愿景使命和长期计划。它给了你一个目标，如史蒂芬·柯维（Stephen Covey）所说的一样——能够帮助你变得更高效。

现阶段来说，你的宣言过于不切实际，但这不代表你不能怀抱希望并为之奋斗。不过市场营销的开展必须贴合客观的现实认知，必须明确人们的认知是不可能一下子发生重大转变的。人们对你的认知只可能发生一些小转变。

树立远大的目标和伟大的志向——如某位作家所说的"大无畏的目标"。但请确保它们只是目标和志向，而不是定位宣言。

描绘大胆的梦想，制定现实的定位宣言。

▷ 重新定位你的竞争对手

美国的顶尖建筑师知道如何设计自己的定位。他们会形成一种风格，然后成为这种风格的代表，而不是一下子搞搞这种风格，一下子弄弄那种风格。

如果你想要前卫风格，你就找弗兰克·盖里（Frank Gehry）。

如果你想要后现代风格，你就找迈克尔·格雷夫斯（Michael Graves）。

如果你想要现代风格，你就找贝聿铭。

这些建筑师"拥有"了这些定位后，也就拥有了许多其他东西。

大约15年前，我目睹了迈克尔·格雷夫斯给俄勒冈州波特兰市政府做的一场很棒的设计展示，他竞争的工程项目是一座新的市政厅。格雷夫斯在第一时间就以他的设计和态度重新定义了整场竞争。（他的建筑模型栩栩如生，包括在晒日光浴和横穿马路的人物模型，以及其他吸引人们走近细看的有趣细节。）他的定位远远甩出其他人一大截，令其他竞争对手的作品显得毫无特色，一下子将原本是五家公司的竞争缩减到了两家：格雷夫斯的公司和另外一家在其余四家中表现得最好的公司。

格雷夫斯不仅为自己做了定位，还重新定位了他的竞争对手。在他的衬托下，突然间，他的全部竞争对手就显得虽然能力尚可，却灵气不足。

一旦格雷夫斯进入了总决赛，他就收敛了锋芒——与那些在初选时剑走偏锋，而到了最后的大选则不再那么激进的政客差不多。他安抚了那些担心他的风格太过极端的市政委员。他们了解到，那个粉红色其实不会那么粉嫩；那些十分抢眼，悬挂在大楼侧边的丝带——也许最后并不会出现。

格雷夫斯赢了，并建造出了一座历史意义非凡的建筑物。

但在此之前，他做出了一个非常聪明的定位策略。

先选择一个能够重新定位你的竞争对手的定位策略；然后再通过收敛锋芒拿下业务。

▷ 为小型服务公司定位

你就是你自己。

你不能试图伪装成其他任何不符合潜在客户对你定位的形象。

对于这个国家最常见的一类服务公司——小型服务公司来

说，虽然很残酷，但这就是事实。

这些服务公司（通常只有 1 至 20 个员工）的潜在客户只了解它们一点——规模小，并据此做出推论。

不幸的是，他们所做的推论大多是消极的：为什么你的公司规模不大一点？为什么我从来没听说过你公司的名字？为什么我从来没听说过你工作的公司？

有些公司没有意识到这个问题，所以一直白费功夫。他们试图隐藏公司规模，或者忽略潜在客户对这一点的关心。这些公司将自己描述成业内第一的公司，然而他们的潜在客户却清楚地知道他们在业内的排名绝对在五十开外。

小型服务公司必须从"规模小"这个特点入手，正如俄勒冈州从"多雨"，安飞士从"行业第二"的特点入手，然后将劣势转化为优势。

小型服务公司必须从"规模小"这个特点入手，必须承认自己，忠于自己。

在做定位时，不要试图隐瞒公司规模小这一事实。而是应该强调规模小的优点，比如公司反应速度快，能关注到每一个客户等。

▷ 专注定位：西尔斯所学到的东西

银行家曾是每个镇子上的大人物，尤尼瓦克（Univac）曾是世界上最著名的计算机，如果你的年龄大到对这些事情有印象，那你应该也记得西尔斯（Sears）曾是美国知名的百货商店。

多年过去后，银行家成了行业不作为的受害者，尤尼瓦克计算机成了回忆，而西尔斯也差点成为发生在百货商店间的专注之战的牺牲品。

令人惊讶地，虽然现在美国人似乎不太爱花钱，但尼曼（Neiman Marcus）的营业额却相当不错，这得益于尼曼的市场定位，用消费者的话来说就是，尼曼卖的商品是"死也要买的东西"。沃尔玛是每一个小城镇零售商都害怕的存在，这同样得益于沃尔玛的专注定位——"物美价廉，让你难以置信"。布鲁明戴尔虽然不如它在 80 年代时那样辉煌，但依然凭借它的专注定位——"娱乐性的购物体验"而取得不错的业绩。

相反，西尔斯在 90 年代的前半段时期却因为没有专注的定位，或者更准确地说，定位的方向太多，而成了行业的受害者。西尔斯过去一直标榜其产品的质量（但盈利却极其低），主打如割草机之类的刚性耐用产品。这时西尔斯开始主推其更"柔和的一面"——它的服饰和亚麻制品这一比较棘手的营销组合。

6 你说的越多，听的人越少：定位与专注

西尔斯在刚开始时将价格定得很低。随后，由于管理人员希望提高盈利，并吸引逐渐壮大且抱有"一分钱一分货"观念的雅痞阶层，他们尝试提高服饰价格。由于西尔斯这种东一榔头，西一棒子的定位策略，导致到了 90 年代中期，没有任何一个离西尔斯大厦两个街区以内的美国人能描述出西尔斯在他们心中的定位。如果没有潜在客户能描述出你的定位，那就等于你没有任何潜在客户。

西尔斯很快就发现，如果你没有专注的定位，那你很快就会没有客人上门了。销售额和利润一落千丈。西尔斯只能出售它那座有名的大厦，迁址到更便宜的地方。股东们之所以没有放弃西尔斯只是看在该公司的维修中心、好事达保险、发现卡，以及公司物资的潜在价值的份上。

然而，到了 1995 年后期，西尔斯的业绩显示出了回暖的迹象。到了 1995 年 12 月，在零售业经济萎靡的情况下，西尔斯的同店销售额几乎增长了六个百分点。让西尔斯重新站起来的最大武器是它对其"柔和一面"的专注推广。管理层决定利用西尔斯刚性耐用品的口碑推动其"柔性产品"的销售。他们将商城的家具搬了出来，将它们转移到另外的独立式家具店里，然后在商城里增加了全国知名的品牌服装，将过道布置得更宽阔，灯光调节得更柔和，橱窗摆放得更高级，再通过针对性的形象宣传广告，他们将女装的销售额提高了 10 个百分点。对一

家女性客户做出的购买决定超过 70% 的连锁店来说,这个提高非常重要。

在写下此文的时候,西尔斯对利润更高的"柔性产品"的专注推广也许能帮助它重振往日荣光。(不过也可能有人认为西尔斯拥有独特"一站式购物"优势,这对时间紧迫的消费者来说有很大的吸引力。)

无论如何,如果西尔斯没有找到它的专注定位的话,那这一节的标题就不会是"西尔斯所学到的东西"了,而是变成"还记得西尔斯吗"?

如果你认为你承担得起不专注的代价,就想想西尔斯吧。

▷ 专注和克林顿竞选

他快完了。比尔·克林顿在 1992 年的民主党总统候选人竞选中屡屡受挫。几乎所有参与那次竞选的人都认为一切都已尘埃落定。

克林顿的问题不在于他涉嫌喜欢上希拉里以外的女人,而在于他明显表现出的杂乱无章。他今晚做了这个主题的演讲,明晚又做了另外一个主题的演讲。

然而到了竞选的中间阶段,竞选团队经理詹姆斯·卡维尔(James Carville)在克林顿的大本营里气场全开地指着黑板上的几个字："重点是经济，笨蛋"，就此扭转了整场竞选的形势。

从那一刻起，克林顿的竞选重心就很少偏移。在此之前，他的竞选演讲涉及的话题从免税代码的分项到社会保障法的伸缩条款都有。而在这之后，克林顿就只谈论经济话题。最终，他将这个话题说进了小布什心里。

克林顿瞄准了美国人的核心问题——他们的历史唯物主义观以及对漫长的经济大萧条的恐惧，并一而再再而三地跟他们讲这个问题。他成了代表经济问题的候选人——能解决经济问题的那个人。尽管有诸多传言与怀疑，尽管他拥有一位引起争议的妻子，他的行事风格让许多人不信任他，称他为"滑头威利"，但克林顿赢了，专注赢了。

专注。在一切事情上——从推广花生到竞选总统，专注者胜。

▷ 当银行家的视线模糊：花旗银行的跌落

如果说是创新将花旗银行推上了顶峰，那让它几乎滑至谷底的就是专注意识的缺乏。

20 世纪 80 年代，花旗银行就像一位酬劳过高，受了过多赞扬，看了太多新闻剪报的运动员。由于许多创新之举，花旗取得了巨大的成功，这明显让该银行的高管相信花旗不用遵循一条市场营销的基本原则——它不需要专注。它能够去到任何地方，主导任何市场，从大体量的个人银行业务到全球的商业银行业务。

然而，与此同时，其他几个银行开始采用专注策略。美国银行放弃了海外和批发银行业务，致力成为占领西海岸个人业务的消费者银行。化学银行撤出了国际银行业务，将重心放在另一个广阔的专营市场上：中级消费市场和小企业消费市场。

花旗银行继续跌跌撞撞，它成了缺乏专注定位、过度扩张的反面教材。

在写下这一节的时候，该公司似乎有幸存的机会，因为花旗现在似乎有了一个专注的定位：专注于低成本、大体量的个人银行业务。但是从花旗银行的跌落、奋起、幸存的经历中，我们可以学到这个道理：

没有人能够满足所有人的所有需求——就算是这个行业最有创造力、最了不起的公司也不行。

无论你多有本事，你都必须专心练好你的技能。

▷ 定位和专注还能帮你做什么

它们能帮你更轻易建立起口碑。比如说，人们在提起你公司时，不会只是说你是一家海洋服务合约公司，而会更习惯说你是美国的本土海洋服务合约公司——对于希望乙方在签订合约两年后依然能提供服务的船主来说,这是一个很有优势的定位,鉴于船引擎的下半部分在那时可能会出问题。

它们能让你更轻易建立起"电梯口碑"。公司员工在搭乘电梯时也能成为得力的营销人员,特别是如果他们能说出许多关于公司的好话的话。然而,反之亦然:如果员工不知道公司的过人之处在哪里,那他们可能会损害公司的形象。当有人向对公司定位不清楚的员工询问有关公司的问题时,那个员工只能含糊其辞,那个提问者往往会觉得那个员工在敷衍他——没有人会想购买一家员工态度敷衍的公司的服务。

它们能团结你的员工。一个能够传递出公司的特别之处的信息,也能让仅仅作为公司一份子的员工觉得自己与众不同。

它们能够让你的营销传播信息——以及背后的主创人员更步调一致。一个清晰的定位和专注点能够让每一个人听令行事。负责直接营销、电信营销和广告的人员能够知道宣传的重点是什么。接触到你所传递出的信息的受众能够看到同一张脸、同一个声音。他们能够准确地知道你是谁。

丑猫、帆船鞋和定价过高的珠宝：定价

▷ 丑猫、帆船鞋和定价过高的珠宝：完全不合逻辑的定价规则

一位丹佛的女性需要卖出四只还算可爱的小猫。她在《丹佛邮报》（*Denver Post*）上投放了下面一则广告：

"要丑猫吗，每只 100 美元，555-5555。"

有 80 多个人打了电话给她。她说她本来可以卖出更高的价格。

20 世纪 80 年代前期，添柏岚（Timberland）的经营状况不佳。该公司生产的鞋子质量很好，价格低于行业领先品牌：托普赛德（Topsiders）。鞋子的性价比非常高——但卖得并不好。然后添柏岚做了一件十分大胆的事：它将鞋子价格提升至高于托普赛德。

然后添柏岚的销售就火爆起来了，就像美国运通一样，当美国运通把它的信用卡价格提升至高于大来卡一美元时，它就拿下了高端信用卡市场，销售也同样火爆了起来。

在《影响力》一书中，罗伯特·西奥迪尼（Robert Cialdini）

讲述了一个有关一位沮丧的亚利桑那州美洲原住民珠宝店主的故事。尽管在旅游旺季，这位店主的一些绿松石珠宝仍然销售惨淡。她试过降价，没用，也试过给员工进行销售培训（她鼓励员工卖力推销这些珠宝），一样没用。

最后，在她准备出一趟远门的前一晚，这位店主给她的销售主管留下了一张纸条："将这个展柜所有珠宝的价格都改为：原价×1/2。"

几天后，店主回来了，并发现所有的珠宝都卖光了——但不是她设想的那个原因。由于那张字条写得很潦草，所以销售主管将上面的内容看成了"原价×2"，然后将所有珠宝的价格都提了一倍。

有人认为定价是市场营销中比较讲求逻辑的行为，但这些例子却摆出了另一个事实。

不要认为合乎逻辑的定价规则是聪明的定价规则。也许你设定的价格虽然让你的产品具有不错的性价比，但实际上却可能让你跌入二流之列。

▷ 定价：阻力原则

"才刚做起生意几个月，对于经商之道，我有了第一个重大发现，"一个年轻的女人最近这样跟我说道，"要拿下所有你

7　丑猫、帆船鞋和定价过高的珠宝：定价

应付得来的生意，有一个很简单的方法：将价格定得几乎不赚钱。"

她说得没错。

如果没人抱怨你的价格，那就说明你的价格定得太低了。

如果几乎所有人都抱怨你的价格，那就说明你的价格定的太高了。

所以，如果说定价阻力为零，说明价格太低，定价阻力为100%说明价格太高，那阻力为多少才没错呢？阻力为多少才说明你的价格定得恰到好处呢？

15%到20%。原因很简单：接近有10%的人，无论是任何价格，他们都会抱怨的。其中一些人希望拿到一笔优惠的交易，另外一些人则是抱着天然的怀疑态度，他们认为每一个价格都定得过高了。还有一些人希望你的价格符合他们事先预想的，因为这是他们希望得到的价格，并已经在心中做好了预算。

所以排除掉无论你如何定价都会抱怨的那部分人，然后问自己这个问题：在其余的情况下，我遇到有人抱怨价格的情况有多频繁？

在其余情况下，人们抱怨的占比为10%——所有情况下，接近20%——就说明你定的价格没什么问题。当抱怨的占比超过25%，就说明你的价格需要降低一点。

设置价格就像安装螺丝，有一点阻力是好事。

▷ 避免要命的中间价位

许多服务行业的公司基本是这样定价的：先研究通行市价、高价和低价，然后根据自己公司的服务质量决定将价格定在哪个区间。令人遗憾的是，这种定价方式准确地告诉了它们的客户它们对自己的真实评价。

问自己：如果这是你的定价方式，那你要怎么向客户和潜在客户解释"你没有那么好"？

这种定价策略还有另一个问题：要命的中间价位问题。如果你定的价格很高，大多数人会认为你提供了最好的质量——这是个能吸引客户的市场地位。如果你定的价格很低，大多人会认为你以最低的价格提供了差强人意的产品——同样是个能吸引客户的市场地位。但如果你的价格定在中间，那你就等于又在说："我们的服务不是最好的，我们的价格也不是最优惠的，但我们的服务和价格还不错。"这不是一个能说服客户的信息。

提供优质服务和低价的商家都各自占领了不错的市场。如果你将价格定在中间，那么你就几乎等于是在与所有人竞争。那你的竞争对手可是非常多了。

请注意要命的中间价位。

❼ 丑猫、帆船鞋和定价过高的珠宝：定价

▷ **低成本陷阱**

你可以通过采取低成本定位策略而实现一个成功的营销案例。

你的市场定位和价格设置都十分清晰；你的价格就是潜在客户能找到的最低价格。

但是采取低成本定位策略的公司会走向失败。

那些在过去享誉盛名的低成本服务公司现在都在哪儿？相当于低成本零售的同义词的老公司，比如杰西潘尼（J.C Penney）、蒙哥马利沃德（Montgomery Ward）和西尔斯或是已经倒闭，或是离倒闭不远，又或者经济状况很不好。在写下这节内容时，东北部的五家折扣商店的状况甚至变得更差。卡尔多（Caldor）和布拉德利斯（Bradlees）已经申请了破产，詹姆斯威（Jamesway）正在考虑当中，埃姆斯（Ames）和法林斯（Filene's）亏损严重。

采取低成本定位策略的公司一般从几个方向入手。降低成本不需要想象力，你无须在品牌建设上投入大笔资金就可以实现低成本定位。因此，在大多数的非零售行业，低成本市场是一个相对容易打入的有利市场。但是当你为了缩减成本而优化系统时，别人可能也设计出了一个更好的成本缩减系统——就像沃尔玛出现后，许多折扣零售店也发现了更好的成本缩减系

137

统一样。

许多低成本企业通过压榨供应商来实现低成本定位。短期内，这种压榨确实行得通，需求业绩的供应商会勉为其难地与低成本企业合作。但那些供应商永远不会成为盟友，它们甚至会为了弥补自己受到的压榨而破坏低成本企业的口碑。如果数年后，那些供应商有终止合作的机会，它们肯定会这样做，一边欣然逃离，一边留下坏口碑。①

低成本企业也很难激励员工。员工通常会将公司的有效节约措施视为小家子气的做法。你是喜欢在一个没有窗户、地毯的办公室隔间里一周工作 45 小时，还是喜欢在椅子是皮革、能够 360 度旋转，有窗户能够看到外面景色的办公室里工作？

但你会说这只是软性的看法，能够证明低成本是一个陷阱的硬性数据在哪里？

在 1980 年 9—10 月号的《哈佛商业评论》中，威廉·赫尔（William Hull）对强调差异化的公司和追求低成本的公司进行了对比，并做出研究报告。

在每一项重要测评中——股东权益回报率、资本回报率、平均年度收益增长率，强调差异化的公司都打败了追求低成本

---

① 若想了解与供应商保持良好关系对一家服务公司有多重要，请查看约翰·洛夫（John Love）的著作《麦当劳：金拱门的背后》(*McDonald's: Behind the Arches*) 一书中的详细阐述。该书能够改变你对公司不同利益相关者的看法和你的市场营销方式。

7 丑猫、帆船鞋和定价过高的珠宝：定价

的公司。

赫尔的研究结果与安德普翰人力资源服务公司的发现不谋而合，安德普翰的薪资处理服务在美国首屈一指。"我们从来不会制定以定价为基础的市场策略，"该公司的首席执行官乔仕·韦斯顿（Josh Weston）曾这样说道，"定价没有任何特别之处。"

请记住：大多数潜在客户都能找到比你更低价的服务；他们可以选择自己来或者干脆决定不需要这项服务。房主可以选择自己给房子刷漆或者无限期推迟这项工程；脸上长了痣的女性可以自己买药吃或者完全不采用任何医疗措施；利益受损的分包商可以自己上庭辩护或者自己咽下这口气。

人们总能找到比你的服务更便宜的方式 —— 与那些更廉价的方式竞争，你所做的努力往往付诸流水。

请注意不要突破价格底线。

▷ 定价：从毕加索身上学到的一课

在许多服务行业中 ——次日送达服务、干洗服务、快餐服务，服务"产品"已经变成了一项商品，因此商品的定价法则 —— 低价者胜 —— 普遍运用于这些行业。

但在其他数百万种行业中，定价不仅仅是看"市场承受力

如何？"的问题。

通常的情况是市场可以接受很高的价格。我的一个朋友惊叹于他哥哥靠告诉可口可乐之类的公司未来可能会出现什么情况能挣一百万美元一年。劳伦斯·特里伯（Lawrence Tribe）收取 750 美元一小时阅读、思考案子和偶尔在最高法院上替人辩护。电影导演、摄影大师、顶级咨询师和许多其他职业的人所收取的费用足以买下莫奈的画作。

才能和思想的价值是什么？为什么有些才能和思想值这么多钱？什么才是合理收费？好问题。在你回答这些问题前，请思考一下这个与毕加索有关的故事：

一个女人在巴黎的一条街上漫步，然后她看见了正在路边的一家咖啡厅画素描的毕加索。被毕加索的画作所震撼，于是她冒昧打扰，问毕加索能否帮她画一幅素描，她会给出相应的费用。

毕加索答应了。几分钟后，她出现在了一幅原创的毕加索画作上。

"我该付给你多少钱？"她问道。

"5000 法郎，"他答道。

"但这只花了你三分钟的时间，"她礼貌地提醒他。

"不，"毕加索说，"这花了我一生的时间。"

不要按小时收费，按你的人生积累收费。

▷ 由毕加索原则推论的木匠原则

有一个男人因为顽固的房子问题而烦恼不已。房子的地板吱吱作响。他试过了各种各样的方法，都解决不了这个问题。最后，他打电话叫来了一个木匠，他的朋友说这是位真正的木工大师。

木匠走进屋里，听到了地板的响声。他放下了工具箱，拿出一把锤子和钉子，然后敲了三下将钉子打进地板里。

响声永远消失了。木匠拿出一张收据，一共收取 45 美元。在总价上面是两条收费明细：

锤击：收取 2 美元

知道往哪里敲钉子：收取 43 美元

为找出问题症结而收费。

▷ 性价比高不是市场地位

如果你最大的卖点是性价比高，那你就没有市场地位。

性价比高不能帮你在市场竞争中抢占有利位置。价值是每一家服务公司对客户所做出的承诺，每家公司都或含蓄或直白地表达过这一点。它是公司的基本生存要素。一家服务公司的价格必须很好地反映出其价值，否则这家公司迟早会完蛋。

一些法律服务公司接一件无争议的离婚案子收取 50 美元，而劳伦斯·特里伯律师则收取 750 美元一小时。Acme 律所的客户说他们的性价比很高，但大多数客户和专家会倾向于特里伯的案件成果——在美国最高法院的胜诉记录为 15 胜 6 败，而他们会说特里伯回报的价值也很高。

在服务行业里，性价比是附加的。而附加的性价比不是有竞争力的市场地位。

如果你的宣传重点是良好的性价比，那你不会取得有效的成果。

如果良好的性价比是你最好的市场地位，那就提高你的服务质量。

字母缩写应该用在 T 恤衫上，而不是你的公司名上：命名与品牌推广

▷ 字母缩写应该用在 T 恤衫上，而不是你的公司名上

ADP、DMM、ETI、ADC、APC、ABC、CBC、BCW

你能记住上面哪个"名字"？

一个都记不住？

别担心。在这项记忆测试中，没有人记得住。

这是因为人们记不住字母缩写。字母缩写没有记忆点。同样不好的是，字母缩写更没有精神、没有信息、没有承诺、没有温度、没有人情味。

那么为什么这么多公司使用字母缩写作公司名呢？

这得怪 IBM。IBM 的成功让许多公司高管相信，如果他们为公司取一个类似 IBM 这样高大上的名字，他们也会像 IBM 一样成功。

这就像有人觉得穿上了迈克尔·乔丹的鞋子后，就会表现得像乔丹一样。

这还像有人觉得是晚餐促使了午夜的到来，因为午夜总是在晚餐后来临。

让午夜到来的不是晚餐，让 IBM 成功的也不是它的名字。

为你的服务公司取一个真正的名字，而不是一个字母缩写。

▷ 别取一个搞笑的公司名

取一个带点小聪明的名字这件事对许多人来说很有吸引力。

有时候，这股吸引力实在太强了，所以你为你的服务公司取了一个有点搞笑的名字。比如说，为一家植发医院取一个叫"头上长发"的名字。

下面这个小测试能帮你避免犯下这个错误。找一家取了这种搞笑名字的服务公司（这种名字很可能出现在发廊的广告语或比萨店中）。然后去到那里，走进去看看。你会发现两件事：

你从来没去过那里。

那里几乎没有人。

不要为你的公司取一个搞笑的名字。

▷ 要企业突出就取一个突出的名字

金佰利（Kimberly-Clark）一年花数百万美元就为了阻止大家将纸巾叫作"舒洁（kleenexes）"。施乐（Xerox）也做同样的事，为了不让"Xerox"成为"复印件"的同义词。

8 字母缩写应该用在 T 恤衫上，而不是你的公司名上：命名与品牌推广

为什么要如此大费周章？因为这些公司不希望它们的名字变成生活通用词。它们希望它们的公司名字只代表它们自己的产品。

正如聪明的营销人员不希望他们的品牌名变成生活通用词，你也不会想为自己的品牌取一个通用称呼。通用名字不是属于你自己的，是属于大家的。

双子城有三家公司分别为自己取名为：财务服务公司、财务专家公司、财务咨询公司。如果财务专家公司的人给你打了个电话，那几个月后，你是不是很可能会认为那个电话是财务服务公司的人打的？

你希望别人不知道你是谁？不记得你是谁？无法在第一时间内对你产生深刻印象？分不清你的公司和其他几家公司？

普通的名字带来的是普通的生意。

▷ 取一个内涵丰富的名字

广告业的人认为公司名叫"创意（某某）"的公司并没有多大创意。

这就好像"创意设计"这个名字本身就是自相矛盾一样。毕竟，名字还是应该体现出创意的。

名字带有"质量"的取名效果也一样，比如叫"质量干洗

店"的店,难道这个名字听起来不让你觉得这家干洗店可能会弄坏你的扣子吗?

不要选一个描述你服务的性质和功效的名字。这种名字很普通,容易被人遗忘,也没有任何意义。

▷ 出众的定位,出众的名字

大脑最容易记得什么?

《大脑之书》(*Brain Book*)的作者回答了这个问题。他们研究了人类的记忆并得出结论:大脑最容易记得的是"独特的、感官性的、创新的和出众的"事物。

提倡取出众名字的人认为出众的名字更容易被人记住,而被人记住常常是赢得生意的关键。

但支持该论点的另一个论据落在取得成功市场营销的一个基本原则上:让你的公司脱颖而出。

人类的思维会产生联想。当我们听到约翰·琼斯这样普通的名字时,我们联想到的东西就很普通。当我们听到费斯·帕帕考恩(Faith Popcorn)或者利夫·菲尼克斯(Leaf Phoenix)这样出众的名字时,我们联想到的东西就很特别。

有一个普通的名字就暗示着你这家服务公司也是平平无奇。一个出众的名字就暗示着你的服务公司也很出众——一家服务

⑧ 字母缩写应该用在 T 恤衫上，而不是你的公司名上：命名与品牌推广 |

公司理应给人营造出这种印象。

在公司名大同小异的世界里，拥有"命名实验室（Name Lab）、联邦快递（Federal Express）和奇才（Prodigy）"这种与众不同的名字的公司能让人迅速联想到它们所提供的服务也会与众不同，从而收获利益。

做一家与众不同的服务公司 —— 名字也应取得与众不同。

▷ 名字的意义

如果莉恩·钦的餐厅名字叫作北京？

那她能登上明尼苏达州几乎每一本杂志的封面吗？

不能。莉恩·钦用自己的名字为餐厅命名，就确保了每当有人提起她时就等于为她的餐厅做了个广告，反之亦然。

通过用自己的名字为餐厅命名，莉恩·钦将自己变成了一个名人。然后她的名气使她的餐厅更受欢迎。于是她的餐厅开成了连锁店。餐厅越受欢迎，她的名气也变得越大，她的名气越大，她的餐厅就更受欢迎，循环往复，形成了一个良性循环。

如果你需要为你的服务公司取名，可以先从你的名字考虑。

▷ 命名:"每英寸含多少信息"的测试

为什么这么多财富 500 强的公司愿意为一个名字付出超过 3.5 万美元呢?

因为名字是公司给别人的第一印象。第一印象无比重要,是你的潜在客户对你持有的为数不多的认知。

既然一个好的名字这么重要,那你如何衡量一个名字的价值?

将这个名字进行以下测试:你的名字每英寸暗含了多少有价值的信息?

一家名字取得极好的旧金山市公司完美地诠释了这个"每英寸含多少信息"的命名原则,考虑到这家公司所经营的业务,它也应该做到这一点。这个公司的名字叫"命名实验室(Name Lab)",是一家专门为产品取名的公司。

一瞬间,"命名实验室"这个名字就向人表明了这家公司采用的是近乎科学、分析性的命名方法,这在整个行业是很少见的,显得很特别。此外,命名实验室这个名字也透露出新鲜感和几分异想天开的感觉,说明了这家公司富有创意,右脑思维能力强。因此,命名实验室这个名字向潜在客户传递了有力的双重意义,每英寸名字中暗含了丰富的信息量。

问自己:如果你需要为你的服务公司取一个好名字,你会

❽ 字母缩写应该用在 T 恤衫上，而不是你的公司名上：命名与品牌推广 |

优先给谁打电话？命名股份有限公司，命名公司，还是命名实验室？

如果你是一名记者，正在写一篇与产品或服务的名称有关的报道，你会优先联络哪一家公司？（目前为止，每一位记者的答案都是命名实验室，也许你早已在数十篇报道中看到了答案。）

一周后，你会记得哪家公司的名字？

如果你公司需要取名字，你可能会打电话请哪家公司帮忙？

对于每个纳入你考虑范围的公司名字，请一一对其进行"每英寸含多少信息"的测试。

▷ 联邦快递命名的聪明之处

联邦快递（Federal Express）是包装界的命名大师，该公司也许能将更多好信息塞进它名字的每一个字里。

在弗雷德·史密斯（Fred Smith）将其公司命名为联邦快递之前，"快递（Express）"这个词还未被广泛使用。多亏快马快递（Pony Express）和其他地方用到这个词，所以"快递（Express）"就有了"快速的邮递服务（比传统的邮递要快）"这层意思。

现在这个公司的下一个问题是：我们的名字还需要传达出什么信息？"全国性，"他们都同意这一点。很快，史密斯也许还考虑过"全民快递""全国快递""美国快递"这些显然比较容易想到的名字。

相较之下，"联邦"这个带有法律意味的词，一个由各州和中央政府构成的政治体系，就没那么容易想到。另外，用这个词命名也有很大好处，当它与政府的邮政服务竞争时，有助于增加它的影响力。

"联邦"一词还隐含受到官方政府的批准和认同之意。（史密斯承认他喜欢"联邦"这个词是因为它听起来有爱国主义情怀，虽然他之所以选定"联邦"为公司名是因为他起初的业务计划需要其公司为美联储空运货物。）

所以联邦这个词不仅表达出了"全国性"这个意思，而且更突出、更难忘、更有权威性。

现在来看看带颜色的联邦快递字样。它所采用的颜色再次暗示了受到政府批准的意味，巧妙地运用了红、白、蓝三种颜色，但是它用色度更丰富的紫蓝色取代政府邮递原来的蓝色，暗示着它具有更高的质量。

所以联邦快递只用了两个词语和两种颜色就传递出了一个突出而有力的信息——"像美国邮递一样权威，但是更快、更好"，名字的每英寸信息量堪称完美。

8 字母缩写应该用在 T 恤衫上，而不是你的公司名上：命名与品牌推广

将联邦快递作为你的命名标准，然后问：你的名字传递出了多少信息？传递有多快？你是否有效地运用了颜色？颜色所传递出的信息是否与公司名相同？

▷ **品牌热潮**

对我人生有启迪意义的一周：

星期一，一位有天赋的律师打了电话过来。他迅速地解释了他的问题。他是其所在专业的优秀执业律师，但是他的很多业务正流失到两家品牌律所能力远比他蹩脚的律师手里。他希望能终止这种情况。

星期三下午，一家承包公司的总裁打了电话过来。对于同等的工作，他比一个大肆宣传的竞争对手的收费要高得多，但他的对手还是成功中标了，尽管我的客户满屋都是行业的奖杯。

星期四早上，一家专业咨询公司的总裁打了电话过来。她的公司通过树立口碑慢慢获得了成长，但却无法打入更赚钱、更有挑战性、更高级的客户市场，若能获得这些客户，那她的公司将能更上一个台阶。这些客户资源全握在大品牌的公司手里。

这是我在 1995 年真实经历的一周。到了那年的年尾，我准备把这一年称为"品牌热潮年"——在这一年里，成千上万的

服务公司终于意识到了品牌的巨大影响力。

每一个打电话过来我这里的人都受到了品牌的打击。尽管他们每一个人的公司所提供的服务都与品牌的一样好,甚至更好,但是他们的生意还是流失到了品牌那里。

但每个高层最后都意识到了一件重要的事情:

在服务营销里,几乎没有什么能够打败品牌。

▷ 品牌难道不是已经奄奄一息了吗?

商业杂志的标题发出这样的疑问"品牌死了吗?"你看过几个这样的标题,就将传言信以为真了。

但这不是真的。

某些人将零售店品牌产品或一般产品的崛起作为品牌已奄奄一息的例证。

但是那些评论员忽略了一件事情:一般产品并不是真正的无品牌产品。在一家声誉良好的零售店里,一般产品带有一份独特的保证——就是这家零售店的保证。这家零售店保证这个产品能够正常运行,而且会为其提供支持服务。也就是说,一般产品实质上带有零售店的品牌。

显然,零售店品牌产品是有品牌的,只是它们拥有的是服务品牌而不是产品品牌,但依然是品牌。对客户来说,这家零

8 字母缩写应该用在 T 恤衫上，而不是你的公司名上：命名与品牌推广 |

售店很方便，而且有些客户光顾这家店的时间已经有好几年了，因此，零售店品牌就具有了特别的影响力。

但仅为了探讨，如果一般产品和零售店品牌产品不算是品牌。那又会怎样呢？

在写下这一节时，零售店和一般品牌的市场占有率为 7%，而注册品牌则占了剩下的 93%。考虑到一般品牌和零售店品牌的超低成本，许多零售店品牌的质量已得到大力推广，许多顾客已经意识到不少零售店品牌和注册品牌的区别只在于包装，在这种情况下，这些零售店品牌和一般品牌仍然只占了市场的 7%，这似乎很令人诧异，但如果你了解到品牌的巨大影响力就会见怪不怪了。

与零售店同等质量的产品，全国性的注册品牌的价格要高得多 —— 最多可以比非品牌贵 40%。尽管如此，全国性的注册品牌依然占据市场销售的 13/14。令人诧异，但这也许是说明品牌具有巨大影响力的最佳证据。

品牌依然存活 —— 而你可以树立一个品牌。

▷ 品牌保证

品牌是什么？

品牌不仅仅是一个标志。在公众的眼里，品牌就是保证，是这个品牌的公司承诺会对得起这个品牌的名字，并履行相应责任的保证。

品牌甚至比产品保证更重要。没有任何产品保证能够让顾客百分百满意，因为没有任何保证能够补偿顾客损失的时间、沮丧的心情、产品出问题而引起的不便，以及提出申请的麻烦。所以品牌变得更为重要，因为品牌几乎等同于一份担保，客户不需要产品保证，也无须忍受申请程序就能享受品牌服务。

对购买服务的客户来说，品牌甚至更为重要，因为很少有服务公司提供保修——部分原因是很难为许多服务提供保证。比如说，你要如何保证你所提供的法律建议是好建议？如何保证服务生的招待一定令人满意？如何保证税务师一定能找到所有减税的方法？在很多情况下，你无法保证。由于客户得不到服务保证，所以他们只能依赖品牌。

而选择依赖品牌正是购买了服务的客户所做的事。

服务就是承诺，建立品牌能让你的承诺更有分量。

▷ 品牌的核心

在潜在客户开始同意使用一项常见服务的那刻，他得到了什么？

没得到什么，除了某人许下会做某事的承诺。

8 字母缩写应该用在 T 恤衫上，而不是你的公司名上：命名与品牌推广

于是，最受人青睐的服务公司是那些信守承诺的公司。

这也意味着一个服务品牌的核心 —— 没有这样东西，一个品牌就无法存活 —— 就是这家公司与其员工的正直品格。

公司的正直形象是否展现关乎一个品牌价值的升跌。中间的平衡很脆弱，每一个过错都可能需要付出高昂的代价。我们所有人都与辜负过我们的服务公司合作过，他们只犯了一次错，伤害确实致命。他们说了谎或者犯下类似的过错。有了那次经历，他们的品牌对我们来说已经失去所有价值。当之后有其他人问我们那家公司怎样时，我们也许说得不多，但我们会将自己的意思讲得很清楚，而我们的话会被散播开来。

一家速度快、价格便宜、很不错的服务公司依然会遭遇失败，如果一家公司没有赢取客户的信任，让客户相信它会信守诺言，讲真话的话。

一个服务品牌的核心不在于华丽的包装、漂亮的广告，或者将公司名字印在从运动衫到钥匙扣的所有东西上。服务品牌的核心，让其取得长期成功的关键，是品牌背后人员的正直品格。

为正直的品格投资，虔诚地宣扬正直的品格。正直的品格是品牌的核心所在。

▷ 品牌对销售有何作用

品牌对你的销售有三个重要影响：

首先，思考下面这种常见情况。有人听过一个非品牌公司的正面事迹。他们记得这个故事，但不自觉地就忘记了这个公司的名字，所以他们没办法将这个故事传下去。当同一个人听到一个品牌服务公司的故事时，他记得这个故事，也记得这个公司的名字，所以他能将这个故事传下来，也确实这样做了。品牌服务公司的口碑更容易传播出去，传播的速度也更快，也能引来更多人的询问。

其次，一个品牌轻易就能将前来询问的人转化成客户。潜在客户在面对一个品牌时，感觉更自在，没那么担忧。有句老话是这样说的："没有人会因为选择了 IBM 而被解雇。"这句话也同样适用于选择品牌服务公司。付出同样的努力，品牌服务公司达成的销售额比非品牌服务公司要高。

最后，想想典型的非品牌服务公司陷入的困境。她想选择一家非品牌服务公司，为了证明她的决定是正确的，她需要与公司的关键人物（或者是她的配偶，如果这是一项消费者个人服务的话）安排好时间出席后续的销售演说。通常，非品牌公司需要浪费更多的时间在这个初期的推销过程上。而品牌公司很少需要浪费这些时间。事实上，潜在客户通常几乎都是在没

8 字母缩写应该用在 T 恤衫上，而不是你的公司名上：命名与品牌推广 |

有会面的情况下就选择了品牌公司，所以品牌公司用于推销的时间更少，成本更低。

品牌公司花更少的时间和金钱就能拿到更多的业务。因此它们能够获得更高的利润，再将钱投到提高业务效率上，进一步拉开它们和非品牌竞争者的距离。

让销售过程进行得更容易、更快、成本更低。树立一个品牌。

▷ 不要放弃你的品牌

这是一个疯狂广告界的寓言故事，也许——但人们常常误解了它的寓意。

一家热门广告公司出现了。它赢得了几十个奖项。同时，一本饥饿的商业杂志正在寻找最新鲜的事物。最终，这家热门广告公司赢得了一位大客户。如果这家公司够好够幸运，它就能留住这位客户，甚至赢取更多的业务。这家广告公司变成了一个品牌。

几乎所有人都很高兴，除了乔治、艾德、玛丽和南希——他们做了所有广告工作，这家广告公司的所有功劳都属于他们几个。这四个人悄悄会面，并做出了一个决定，几个人脸上都洋溢着自信。他们打算将他们的克里奥国际广告奖（Clio Awards）、剪报和天赋转移到市区的一间整洁的顶楼公寓里，打造他们自己的热门广告公司。

请记住，乔治、艾德、玛丽和南希组成了整个广告团队——客户联系人、媒体策划、文案和美术指导，是他们创造出了让原来的公司大受欢迎的精彩广告。他们是让可口可乐放心将 6000 万美元交给他们处理的人。

故事的结局是我们这四个主角永远幸福快乐地生活在一起了吗？很遗憾，并不是。他们的新公司能从这里那里拿到一些好单子，但数年来，他们的经营状况并不好，预算紧张，项目越来越少，并逐渐意识到他们失去了某些东西。

发生了什么？乔治、艾德、玛丽、南希依然拥有才华和经验——但是他们不再拥有品牌了。

他们只是失去了他们的品牌，但这个损失惨重。

四个人继续奋斗，希望潜在客户能够看穿品牌这回事的愚蠢之处，且认识到他们四个人才是旧品牌公司的内核，只是现在搬到了一个新的地方——营业开支低了很多。

然后，一个星期五，乔治最后一次锁上了新公司的门。

他们四个人之所以失败不是因为规划不好，也不是因为他们的才华突然消失，也不是经济形势下滑，而是因为他们失去了品牌，并且永远也拿不回来了。

永远不要低估品牌的价值或者重新打造一个品牌的困难程度。

8 字母缩写应该用在 T 恤衫上，而不是你的公司名上：命名与品牌推广

▷ 价值 40 万美元的品牌

这是一个真实的故事，但为了保护无辜者和幸运儿的隐私，这里对真实姓名做了更改。

菲尔和唐两个人花了 7 年的时间将一家承包公司经营稳当。他们并不出名，但他们赚的钱也够让他们在点菲力牛排时不用多作考虑。1995 年，另一个男人来到他们面前，表示愿意用 40 万美元购买他们的公司。

菲尔和唐的承包公司没有库存、没有专卖产品和专卖服务，也没有专利或版权，除了他们两人外，公司就只有一个员工。该公司租了一个店面，没有房产，也没有固定资产和应收账款。事实上，经过彻底的计算，用 40 万美元买下这家公司其实买的是它的名字和客户名单。

买方要买下的是什么？

是客户名单吗？不可能。客户一生只会使用一至两次这家公司的服务。回头客的生意不会比殡仪馆多。此外，只有在客户认为虽然公司原主人离开了，但该公司依然能提供同样的高质量服务的情况下，客户名单才有价值。

换言之，那些老客户——以及任何新客户，购买的只是这个品牌。而那位商人花 40 万美元买下的也是这个品牌——一个价值 40 万美元，仅用七年时间和相对小额的投资建立的品牌。

多年来，AMRE 公司，一家位于达拉斯市的胶板公司，每年向西尔斯支付 3000 万美元——比 AMRE 净利润的七倍还要多，就为了取得使用西尔斯品牌的权利。因此，由于消费者对西尔斯品牌的信心，AMRE 能够将每件胶板提价 2.2 倍，比行业的常规价格贵得多。[1995 年，AMRE 发现了一个价格低得多的品牌——21 世纪（Century 21），于是以 2.3 亿美元的价格购买了该品牌 20 年的使用权。]

卡夫（Kraft）公司卖出了八倍账面价值的价格。专家们一致认为，唯一说得通的解释就是卡夫品牌具有持久的影响力和巨大的价值。

一个品牌的价值是什么？你是否应该建立一个品牌？回答几千次、几万次、几亿次，答案都是绝对的"当然"。

品牌就是钱。

▷ 现代社会中的品牌

你想购买一套新的音响设备。由于你喜欢音乐，又讨厌浪费钱在大型商品上，所以你想细细挑选。但你还有八个电话要回，一片草坪要修剪，一个独奏会和三场少年棒球联合会练习赛要参加。简言之，你就是典型的"没有时间"的美国人。

你无法购买更多的时间，所以你只能牺牲一些东西。你需要捷径。你需要一些能帮你快速买到音响设备的合理方法。

幸运的是，你找到了你的捷径：一个品牌音响设备。

对于像你这样在寻找捷径的人来说，品牌就是能帮你快速做出决定的捷径。通常，人们在选择下一套音响设备时，只需要决定选择哪个品牌。尽管市场上至少有一个非品牌的音响设备明显更高级，而且价格比他们选择的品牌音响要便宜30%。

在选择品牌音响的过程中，你证明了现代市场营销的一条定律：当时间紧张时，品牌的重要性就提高了。而美国人的时间正变得越来越紧张；公司裁减了人手，加重了所有幸存者的工作量。这些人每时每刻都需要捷径。所以他们投向了品牌产品和品牌服务的怀抱。

为你的潜在客户提供一条捷径。为他们提供一个品牌。

▷ 不寻常品牌名的力量

试着进行以下测试：

下面是英语国家的大多数知名品牌（有些品牌被忽略了，不过被忽略也反映出了该品牌的某些问题）：

哈雷戴维森（Harley Davidson） 索尼（Sony）
本田（Honda） 宝洁（Proter&Gamble）

耐克（Nike） 李维斯（Levi Strauss）

劳斯莱斯（Rolls Royce） 迪士尼（Disney）

施乐（Xerox） 舒洁（Kleenex）

可口可乐（Coca-Cola） 奔驰（Mercedes-Benz）

伦敦劳埃德（Lloyd's of London） 尼康（Nikon）

哈佛（Harvard） 柯达（Kodak）

微软（Microsoft） 万宝路（Marlboro）

这个名单的特别之处在哪里？在于这些名字有多么不寻常。基本上没有其他任何人、事物取了这些名字。你不认识第二个索尼、迪士尼、哈佛、柯达或者哈雷。除非你学习的是神话学，所以认识女神耐克；或者你学习的是人类学，所以记得克洛德·李－维斯（Claude Lévi-Strauss）。除此之外，你联想不到其他与耐克和李维斯相关的人事物。

想想下面这些服务品牌名，问自己：你还在哪里听过这些名字？

会计：安永（Ernst & Young）、德勤（Deloitte Touche）、普华永道（Coopers & Lybrand）、毕马威（Peat Marwick）

法律：世达（Skadden & Arps）、科文顿 & 柏灵（Convington & Burling）、富布赖特 & 贾沃斯基（Fulbright

& Jaworski)、皮尔斯伯里（Pillsbury）、麦迪逊 & 苏特罗（Madison & Sutro）

咨询与顾问：麦肯锡（Mckinsey）、贝恩（Bain）、圣吉（Senge）、哈默（Hamel）、普拉哈拉德（Prahalad）、德鲁克（Drucker）

商学院：沃顿（Wharton）、塔克（Tuck）、福库（Fuqua）、哈佛（Harvard）、斯坦福（Stanford）

没错，在上面四类服务行业里你能在每类中发现一个"普通"名字：会计类别里的安达信（Arthur Anderson），法律类别里的苏利文 & 克伦威尔（Sullivan&Cromwell），咨询业里的汤姆·彼得斯（Tom Peters）和商学院里的凯洛格（Kellogg）。（虽然将一家商学院认定为一个成功的知名品牌听起来像是一种成功的营销手段，即使这个品牌名很普通。）

但这些例外似乎反证了一个规则。

大多数知名品牌的名字都不容易被人混淆。提到这些品牌名字时，人们只会联想到这些品牌背后的公司。与它们重名的人、事物不会让你产生任何不好的联想。

我们在给自己孩子取名时也遵循这条规则。我们无情地排除了会引起任何负面联想的名字。所以在尼克松的水门事件发生后，美国人就不再给孩子取名为理查德，正如在第二次世界大战后，全世界的父母都不再给儿子取名为阿道夫。

人类的大脑很容易产生联想。为了避免人们产生任何久远的负面联想，聪明的服务公司都会取一个不易混淆的品牌名字。

为了能更快树立起你的品牌，请为你的品牌取一个不易混淆的名字。

▷ 品牌与临时保姆

品牌是有钱人的选择，你会这样说。

事实并非如此，下面关于保姆的这个故事可以说明这一点。

凯特·瑟曼未来会成为一家非常成功的企业的总裁，但现在，她只是一名高中新生兼临时照顾小孩的保姆，也是一个天生的营销人才。凯特找遍了附近所有父母都会经常出没的地方：玩具店、金宝贝早教中心、日托中心和学校的夏令营。她说服了这些地方的业主，同意她在他们那里贴上她的广告："凯特♥孩子"，让他们觉得她的广告可以帮助到这些父母。

借鉴当地改装公司的做法，凯特还做了一个红白蓝三色的招牌："凯特♥孩子——世界一流的儿童临时保姆：555-1111"，然后把这个招牌装在她的一个红白双色的旧摇摆木马上。每当她坐在别人房子前的草坪上时，她都会把摇摆木马放在那里。

凯特的叔叔弗兰克在附近开了一家音像店——另一个营销

⑧ 字母缩写应该用在 T 恤衫上，而不是你的公司名上：命名与品牌推广

机会。她说服弗兰克让她在每盒录像带封套的背面放上她的红白蓝三色广告。她付出的代价就是免费照顾弗兰克的小女儿三个晚上，凯特非常喜欢她，很乐意照顾她。

然后凯特成立了一个临时的儿童保姆中介机构。她招来了其他女孩，收取她们报酬的 10% 作为中介费。当地的父母知道他们总能通过凯特找到临时照顾小孩的保姆，所以他们愿意付给凯特高于市价 15% 的酬劳，省去自己找保姆的麻烦，尤其是情况紧迫时。所以通过凯特的介绍，其他女孩每小时赚的钱比她们自己找的要多。自然而然地，精明的当地临时保姆都开始通过凯特接工作。

凯特创造了一个王朝。社区十平方英里以内的每个人都知道她的名字。当其他社区的父母问起谢里丹小区的住户怎么找临时保姆时，他们总会说："打给凯特。"而那些父母也就这样做了。

当地的报纸很快就听说了这位年轻企业家的故事，并写了相关报道。哥伦比亚广播公司当地分部的一位记者读到这篇报道，于是打了个电话给凯特，并且对"我们♥孩子"做了一个三分钟的专题报道，在六点钟的新闻报道里播出。凯特吸引了每一个听众——总共有 17 万人，给他们留下了深刻印象。

凯特在其所在的整个市场里，建立起了一个红火的品牌。

只用了花在颜料和木板上的 32 美元。

建立起你的品牌并不需要花上数百万，而是需要想象力。

如何省下 50 万美元：营销传播与推销

▷ **营销传播：前言**

由于服务是看不见摸不着的，所以服务的营销传播不仅仅要宣传服务，更要让服务显得更具象化，给潜在客户呈现一些更实在的东西以帮助他们做出评估。

因此，比起产品营销传播，大多数的服务营销传播要承担更多内容。比如说，一辆911敞篷型号的鲜亮红色保时捷可以掷地有声地为自己代言，但没有公司能将服务摆在客户眼前，用服务的样子说服客户。

我们会不自觉地相信大多数有形的产品。我们相信新买的轮胎不会爆，红糖的味道会是甜的，阿司匹林能够缓解我们的头痛而不会带来副作用。但对于大多数服务，我们的信任度会低很多。

我们担心聘请的律师和汽车修理工会多做一些非必要的服务，从而收取更多非必要的费用。我们担心最新的减肥方案会失败，就像前面试过的三种一样。我们担心改装公司会超出他们给出的预算，交付时间要比承诺的晚好几周。我们担心聘请的收账公司会骚扰一些值得留住的客户，只能收回一小部分应收账款。因此，不同于产品的营销传播，服务的营销传播要让服务更具象化，必须减轻潜在客户的担忧。

销售服务与销售保时捷汽车不一样。

服务营销传播的两条首要规则是：

让客户看得见你的服务，让客户感觉舒服。

▷ 弗兰·勒波维茨和你最大的竞争对手

我们的世界并不冷酷，只是大家都很忙。

这是你的亲身体验：一大堆东西在争抢你的注意力，而你能给出的注意力就只有这么多。

所以你一定要知道，你的潜在客户能给出的注意力也是有限的。给他们有说服力的理由为什么他们要听你讲话，否则他们只会左耳进右耳出。

你最大的竞争对手不是你的同行，而是客户的冷漠。

很多服务营销人员都知道这一点，但很少人可以做到对症下药。这些营销人员没有跟潜在客户讨论他们的需求，而是一味讲他们的公司怎么样。他们也没有向潜在客户展示他们能为客户做什么，而是向潜在客户展示他们的公司有多棒。他们没有使用潜在客户熟悉的语言，而是用他们的行话与客户讨论。

潜在客户关注的是他们自身。不幸的是，营销人员也只关注他们自己。两者无法产生共鸣。

很少有人会对你非讲不可的话感兴趣。（正如弗兰·勒波维茨曾经对那些穿带字 T 恤的人所说的话一样："人们都不想听你本人讲话，所以是什么让你认为他们想听你的 T 恤讲话？"）人们只对自己感兴趣。除非你意识到这一点，否则你将一直遭受来自你最强大的竞争者——冷漠的重击。

你的头号竞争对手是人的冷漠。

▷ 鸡尾酒派对现象

心理学家把这称为鸡尾酒派对现象。（显然，心理学家也明白令人难忘的包装的价值。）你也经历过鸡尾酒派对现象。通常是这样的情况：

你在一个鸡尾酒派对上听着某个人讲话。突然，你听到了附近的某个对话中出现了你的名字。此时，你的心思都转到了那个对话上，再也听不进和你交谈的那个人讲的话。

会发生这种情况是因为人们无法同时处理两个对话。如果你同时传递了两个信息，大多数人只听得进去一个。

只说一件事情。

▷ 购物清单式的问题

实际上,要成功传达你的信息,你不仅要面对鸡尾酒派对现象这个问题,你还要面对更棘手的挑战。

设想一下:

妈妈喊你去买牛奶。你把牛奶买了回来。

下次,她说,"去买葡萄干、下水道疏通剂、小熊软糖、牛奶和一些百瓦以上的灯泡。"

你把牛奶忘记了,但牛奶才是你家里最需要的东西。你明天的早餐只能光吃麦片了。

当你向潜在客户传递像购物清单一样长的信息时,你也是在冒同样的险。他们可能会记得不重要的葡萄干,而忘了牛奶。你的潜在客户会忘记你公司的真正卖点,只记住不重要的附加信息。

现在,想想传播太多信息会有哪些更可怕的坏处。贺拉斯·什韦林和亨利·纽厄尔在他们的著作《劝说》(*Persuasion*)中描述了他们对两个广告所做的测试,两个广告的宣传对象是同一辆车。广告一的内容专注:只突出了车的性能。广告二讲述的内容更多,除了指出车子的优越性能外,还说了车子造型出众、款式多样、经济实惠。(在广告公司看来,这种类型的广告属于"客户会喜欢的类型"。)

将这两个广告给被测试者看完后，测试员问他们这两个广告是否有让他们对那个品牌的车产生兴趣。6% 的人给出了肯定的答案，表示强调性能的那个广告能引起他们的兴趣。

但第二个广告呢？加了这么多宝贵的信息，有多少人被他们打动了呢？

没有人。0%。

如果你讲太多信息，别人往往什么都听不进去。

▷ 给我一个充分的理由

你想知道哪一个信息是最有说服力的？问你的潜在客户。

你的潜在客户都有一个基本疑问：你的独特之处在哪里？我为什么要跟你做生意？

你的潜在客户表达了一句经典的说辞：给我一个充分的理由。

这是一个简单的疑问，只需要一个简单的回答。太复杂的回答只会给你的潜在客户带来另外一个需要解决的问题。你的潜在客户不希望思考太多东西，他们希望事情简单点。

零售业的一个例子可以表现出传达简单信息的重要性。你去到纽约巴尼斯（Barney）这样的精品男装店，让店员给你推荐一件蓝色条纹的牛津衬衫。精明的店员会给你拿来一件不错的衬衫，你很可能会买下来。但如果他不够聪明，给你拿来了三件衬衫，你很可能一件都不会买。因为这个店员给了你更多选择，反而让你感到了困惑，从而使你难以做出决定。你很难说服一个感觉困惑的人买你的东西。

满足客户群的第一个需求：给他们一个充分的理由。

▷ 你最喜欢的歌曲

在高速公路上驾驶，你打开了最喜欢的广播电台，听到了一首没听过的歌，虽然你喜欢这首歌，但你并不记得怎么唱。

隔天下午，你又听到了这首歌。也许你注意到了歌手，也许你记得她的名字。

两个早晨后，你又听到了这首歌。在确定周围没有其他人看着你后，你开始跟着旋律唱了起来，现在你记得怎么唱了。

两天后，你买了这首歌的 CD，播了几个晚上。第三个晚上后，你知道了大部分歌词。

放了七八次后，这首歌的歌词才被你充分理解。但最后，它总算进入了你的脑海。

但如果这个歌手每次唱的都不一样，你还能记得住什么吗？

几乎什么也记不住。

这对你的营销传播有什么启示?

你能一直改变你的歌词、旋律、整个主题吗?

如果你这样做了,人们会记得什么?他们会了解你吗?

如果你说了一样东西、就一直重复再重复。

▷ 一个故事胜过一打形容词

拿起一本好杂志,翻看几个故事。

你也许能发现一个有启示作用的规律。

今天,大多数的非虚构类作家都会用一个解说性的故事作为文章的开篇。这种写作手法非常普遍,以致人们给它取了个名字:譬喻。

出庭律师格里·斯彭思(Gerry Spence)几乎总会借用一个故事引出他的观点。斯彭思知道,虽然自古希腊之后,西方文化已经发生了巨大的变化,但是在距离欧里庇得斯(Euripides)所在时代几乎 2500 年后的今天,我们最基本的娱乐形式还是诉诸戏剧性的叙事:故事。

应该要有更多的营销者发现故事的力量。故事能让文章更有趣,让斯彭思的论点更有说服力,同样也能让营销传播更有效。

譬喻之所以有用是因为人们对别人感兴趣,而故事就是以人为主体的。斯彭思讲述的关于一个人如何被滥用的警力不公正对待的故事，没有提到"痛苦"和"不公"这些字眼，但他讲述的生动故事让陪审团真切感受到了"痛苦"和"不公"。

与聪明的记者和好律师一样，讲述真实故事能让营销者的销售演说更有趣、更有人情味、更可信、更感性——以及更有说服力。

不要使用形容词，运用故事。

▷ 攻克刻板印象

几乎每种众所周知的服务行业都被人冠以这样一种刻板印象。

会计师都是没有幽默感的。

律师都是贪婪的。

收账公司都是流氓。

医生总让你等候。

你公司的刻板印象是你的潜在客户首先想到的事。这是你必须跨越的第一个障碍，第一个跨越这个障碍的人通常能取得胜利。

攻克你的第一个弱点：潜在客户对你的刻板印象。

9 如何省下 50 万美元：营销传播与推销 |

▷ 口说无凭，用事实证明

卡洛琳·亚当斯（Carolyn Adams），曾是《优涅读者》（*Utne Reader*）的发行总监，她曾发给我这本杂志过去十年里的征订信。她说杂志的第一封征订信是写得最好的，是一位很有名的文案撰稿人写的，之后写的都未能超越这封信。

第一封信的文笔和可读性非常好，是这类写作的最佳范例。这封信写得具体不笼统、形象不抽象；借用生动和人们熟悉的例子阐明观点；每段的最后一个句子无不吸引着你往下读；能用一个词将意思表达清楚时作者绝不用两个词。

这封信没有用到直接营销的伎俩，它的特别之处不在这里。信封上没有噱头十足的标题；信末也没有俏皮的附言；这封信完全没用到这些小把戏。

这封信只是将它想传递的内容很好地写了出来。这封信全篇都没说过《优涅读者》是一本好杂志，它回避了所有那些华丽的形容词和自吹自擂的词语，用事实证明：这是一本非常有趣的杂志，并且物有所值。

良好的基本交流是良好营销的基础。

▷ 建立案例

在过去的三年里,我的三个客户为他们的顾客提供了整个行业的最好服务。但他们的潜在客户知道这点吗?

他们很多人都不知道。而夸张的广告说辞是无法让他们相信的。

所以其中的两个客户委托了独立的机构进行客户满意度调查。调查的得分很惊人,所以他们将这个结果说给了他们的潜在客户听。

其中一个客户告诉他的潜在客户,他的公司取得了最高的客户满意度得分,破了独立调查机构的得分纪录。

而我的另一个客户让受访者为其公司打分,然后将客户的分数换算成满分为传统 4 分的平均积分。这家公司服务质量得分为惊人的 3.96 分。

他们建立了自己的案例。

光说你提供了良好的服务是没用的,你必须记录并展示出来。

创造能够证明你的服务质量的证据,然后传播出去。

▷ 小把戏是孩子玩的

服务就是承诺。你向顾客承诺在未来的某一天,你会为他做某一件事,你在销售的是这个承诺。

也就是说你真正在销售的是你的诚信。

运用小把戏和噱头不是诚信的表现。

噱头十足的标题、穿着泳装的模特、直接营销的小花招——这些都属于诱饵推销。

这些小把戏都说明了一件事。它们告诉你的潜在客户你不介意戏弄他们。

而且他们知道你会试图再次戏弄他们。

不要这样做。

不要耍小把戏。

▷ 被笑话的人是你

一个朋友跟你讲了一个冷笑话。

你笑了,毫无疑问,这是人之常情。

你给某人寄了一样你觉得是个很有噱头的促销礼物,比如说,一条塑料鱼吧,里面还有一张纸条:"让我们成为鱼水之交。"或者其他更好的东西(愿上天助你一臂之力)。

你打电话问你的潜在客户有没有收到你的促销礼物。她告诉你收到了，礼物送得很高明。当然，她会这样跟你说，这是人之常情，她知道你在抖机灵，肯定希望获得夸奖。所以她给了一个你想要的答案。

打了几个这样的电话后，你觉得你这种耍小聪明的促销手法是个好主意。（心理学家把这种情况称为虚假同感效应：我们想象人们赞同我们，即使事实并非如此。）

但是向潜在客户传递"用我们的服务，我们很聪明"这种基本信息可能会让你显得很愚蠢。

还可能会让人觉得你是因为没什么重要的东西可说，才搞了个冷笑话。

如果你觉得自己的宣传想法可能会显得愚蠢或者不专业，那事实就是这样。

▷ 专业能力 VS 服务态度

从事专业服务行业的人更容易认为，如果他们的专业能力越好，他们的生意就会越好。如果税务律师对免税代码、保险精算师对合格的退休计划、心理学家对躁郁症的了解越多，更多的生意就会找上门来。

下面的两个例子可以提示我们这种看法是不对的，还有一个例子能够证明它是错的。

第一个例子在当今美国的每一个法庭都能找到。精通法律的出色律师在庭上唇枪舌剑，而法官却看着手表估计结束时间，陪审员则一味点头应和。律师是在推销他们的专业能力，但他们的观众——能够决定他们输赢的人——却不想听他们怎么讲。

医疗业也显示出类似的问题。在短短的时间内，医学家就找到了治疗那些让我们无数祖先丧命的疫病的方法，比如：小儿麻痹症、肺结核、天花。患有严重心脏病的女人现在可以买到一颗新的心脏。对于严重的精神疾病，现在的精神科医生已经有了相应的治疗手段。现在的治疗效果远胜十年前，可以让病人维持较好的状态。显然，医疗业的专业技术和能力已经大大精进，所能提供的服务明显比以前更专业。

如此看来，医疗行业应该很受人们尊崇才对。然而，37%的人认为医生对他们的病人缺乏真诚的关心，认为医生有向病人解释清楚情况的人不足一半。医生觉得专业水平是衡量他们价值的标准，然而病人却将医患关系看得很重——人们甚至给医生对待病人的态度取了个称呼：临床态度。他们认为医疗行业不是一个称职的服务行业。

但是最能证明卓越的专业能力不是服务业取得成功的关键因素的证据来自金融市场。1995年，高盛集团发表了《金融管理行业的未来发展》报告，该公司承认金融管理行业的核心竞争力不是精明的理财手段，而是"聚集和保存"资产的市场营销策略。是高盛忽视了客户对专业能力的要求吗？不是。当被问到选择一家投资公司的最重要标准是什么时，客户每每都将投资回报率（最能表明一家公司的专业投资能力的证据）放在信任度和其他"客户关系"相关的选项后面。在一项调查中，客户将"公司业绩记录"排在了第九位，共有十七个可选择因素，排名低于"真诚希望与客户保持长期合作关系"等其他软性标准。

潜在客户选择一家服务公司不是看它的专业能力有多好，而是看它给客户呈现的形象有多好。

▷ 优越性

大卫·奥格威凭借其过人的广告天赋创立著名的奥美广告公司，之后在法国买下了一栋大别墅，他曾说过，营销人员强调优越性是错误的做法。

奥格威认为只要你能让潜在客户相信你的服务"还不错"，你就成功了。

你可以用自己的亲身体验测试一下奥格威的观点是否正确。你有哪些时候是真正在寻找最好的服务：最好的临时保姆、最好的清洁工或最好的税务顾问？（没几次。）

你又有哪些时候是真正知道你找到的是最好的服务？（没几次。）

在眼前已经有一个还不错的选择的情况下，你愿意花多少时间去寻找最好的服务？（不多。）

你愿意为最好的服务多花多少钱？尤其是在另一个选择已经相当不错的情况下。（不多。）

某样东西要多好才能令你满意？（还不错就行，高出一般水平是额外之喜。）

还有一个重要问题：当某家服务公司告诉你它拥有最好水平时你有什么反应？（怀疑，感觉不是很好；听起来像是在吹牛。）

对购买服务的客户进行口头调查的人很快就会从客户身上了解到一个令人震惊和失望的事实。如果调查员问："你继续光顾这家公司的主要原因是什么？"他们最常听到的答案是——"我觉得这家公司给我的感觉很舒服"，就算是顶级服务公司的客户也是一样的答案。

不是优越——甚至不是优良的服务水平。

只是简单得令人舒服。

我们的竞争文化让我们渴望成为第一名。成为第一名很令人振奋；第一名确实有第一名的奖励。但是若将成为第一名视为必要的，甚至是最有力的市场定位，是与你的亲身体验相悖的。

向潜在客户传递你的服务"还不错"的观念。

▷ 反转宣传的力量

一家大胆的专业公司曾通过一个不同寻常的广告展现了夸张宣传的弱点。

他们这个小广告采用了一种刻意淡化的叙述方式。他们几乎摒弃了所有形容词，"独一无二"和谦虚一点的"独特"这两个词都没有用进广告里。"超凡"也被摒弃了——除非是用来描述其他许多竞争公司！

整个广告的基调就是这样子。

而这个广告的影响力——就算是那些鄙视用词夸张的专业人士也这样形容——令人惊叹。

一连几日，许多专业广告人士在街上叫住那家公司的成员，让他们讲讲那个广告。尽管那个公司的规模不大，但还是收到了许多人的求职信，而这些人此前从未听说过这家公司。一些非竞争公司的高管打电话给这家公司的经理问是谁想出了这个广告。另一些公司的高管联系了广告主创，请他们制作一个类似的广告——"一个引起所有人的关注和讨论的广告"。

⑨ 如何省下 50 万美元：营销传播与推销

不夸张的营销传播能够吸引人们的关注，因为人们会被不同寻常的东西所吸引，而刻意淡化式的传播方式就很是不同寻常。

说得少远远胜于说得多。

▷ 从第一银行身上学到的一课：耳听为虚，眼见为实

一位研究员曾询问 20 个企业主觉得第一银行的几段广告想表达什么内容，他们的答案令广告创作人员很震惊。

广告主要讲一位律师在为攀登珠穆朗玛峰做准备。他所做的准备包括研究之前别人的攀登经验、天气状况和其他相关资料。旁白念出了第一银行想传达的信息——信息是取得成功的关键，而第一银行拥有"能够帮助你做出正确投资决定的信息"。

但观看广告的人听不到旁白讲的话。他们只能看到画面，大部分是这个律师在练习攀登的画面。从这些画面推断，这些人认为第一银行想表达的是"它很强大、坚韧，就像这个男人和山一样"，显然，他们这个想法是广告的创作人员始料未及的。

人们听到的内容会被看到的内容所影响。1980 年一则令人难忘的广告的宣传对象是俄勒冈州波特兰市的一位室内装修设

计师，这条广告表示：

"你的办公室越是强调'奋斗的青年律师'，"广告标题这样写道，"他们需要奋斗的时间就越长"。

人们看不见你的服务。所以，正如上述广告提醒我们的那样，他们会通过能看见的东西来判断你的服务如何。如果人们看到的东西和你说的东西不相符，第一银行的例子给我们的启示是——眼见为实，人们会先相信他们的眼睛，再决定你说的话是否可信。

看看你的名片、你的公司大厅、你的鞋子。你在这些看得见的方面表现得怎样？它们能够体现出你想卖出的服务质量如何。

留意你给客户呈现的一切。

▷ 化无形为有形

我们听人说过，"他没看过实物就买下这个了。"

听到他们的话，我们很惊讶。我们无法想象有人不看实物就买下一样东西。

对于看不到的东西，潜在买家会感到犹豫。所以他们会更加看重他们能看到的东西。

因此，能够体现服务的可视实物就变得十分重要。阿瑟·米勒（Arthur Miller）的著作《推销员之死》(*Death of a Salesman*) 中的人物威利·罗曼明白鞋油的重要性，因为他明白人们会以貌取人。律师会花很多心思在茶几、椅子和灯光上，因为这些东西能反映出他们的内在。大多数会计师会有意穿得很讲究和保守，因为这样能给人一种他们很有条理、注重细节的感觉。

有意或无意，这些人都在做着一种营销行为。他们在尝试化无形为有形。

毫不意外，最明白化无形为有形之重要性的行业是——保险业，因为该行业服务的可见性是最低的。保诚（Prudential）有直布罗陀巨岩标识，旅行者（Travels）有小红伞标识，好事达（Allstate）有"一双好手"标识，沃索（Wausau）有火车站标识，穿越美国（Transamerica）有小红塔标识。每一家公司都使用了具有象征意义的标识来展现公司形象。

许多服务公司在了解到这个原则，以及认识到服务就是经营人际关系这个道理后，开始利用服务身后的人来代表它们的业务，比如：查尔斯·施瓦布（Charles Schwab）、亨利·布洛克（Henry Block）、山德士上校（Colonel Sanders）、戴夫·汤玛斯（Dave Thomas）、乔尔·凯悦（Joel Hyatt）和沃尔夫冈·帕克（Wolfgang Puck）。

广告公司一直都利用公司的人物来展现公司形象，比如：李奥·贝纳（Leo Burnett）（李奥贝纳广告）、大卫·奥格威（David Ogilvy）（奥美广告）、杰伊·恰特（Jay Chiat）（恰特德广告）、比尔·伯恩巴克（Bill Bernbach）（恒美广告）、玛丽·韦尔斯（Mary Wells）（韦尔斯里奇格林广告）。

再想想，投资公司用来象征繁荣昌盛的皮革公文包、许多律所用来象征长盛不衰的多立克柱、武装部队用来象征力量的肩章。

潜在客户在寻找能够体现公司服务的视觉线索。如果他们找不到，那他们通常就会跑到拥有视觉线索的公司去，所以请提供视觉线索。

确保让人看到你的形象。

▷ 橙子测试

你去一家店买橙子。你选好了一批。你挑了最有光泽、颜色最黄的，然后把它们带回了家。

你被骗了。

橙子的颜色和味道并没有相关性。橙农在橙子还是绿色时就把它们摘了下来，那时候就已经确定了橙子日后的光泽、熟度、水分。

而橙子那饱满的橙色只是种植者搞的小伎俩。种植者把绿色的橙子放进果园里，让橙子吸入乙烯化合物，从而破坏让果皮呈绿色的叶绿素。（在某些州这种做法仍然是合法的，种植者还可能会用二号人造红色素给橙子染色。）因此，颜色黄的橙子不一定甜，这是额外的化合物和人力的结果，而每次我们在购买橙子时，还要为这种蒙骗我们的手段付出额外的钱。

然而，尽管有些人知道事实的真相，他们在杂货店购买橙子时还是会挑选一些颜色最黄的。对事实了解更多的人——譬如我，依然会被橙子的包装所愚弄。

这听起来让人似曾相识。因为每个城镇都在上演着同样的事情，这种事情就发生在人们选购服务时。人们不知道服务的内里有什么，所以他们就倚靠外在。由于无法看到服务，所以他们就只能依靠能看到的东西——在很多情况下，就算他们掌握了更多的信息，他们还是会依靠能看到的东西做出决定。

眼见为实，所以检查好你的果皮。

▷ 我们的眼睛尝到了味道：芝加哥餐厅的启示

理查德·迈尔曼（Richard Melman）是让斯意（Scoozi's）、爱达比维（Ed Debevic's）和其他几家最受欢迎的芝加哥餐厅火爆起来的商业奇才。

许多行家认为迈尔曼的成功又一次表明了形象代表一切，

而在餐厅里,环境好胜于食物做得好。

这些评论家没有抓住重点。他们认为餐厅经营的是餐饮业,并非如此,餐厅所在的是娱乐业。人们是为了体验才去餐厅的。甚至,他们会去一些菜肴非常有名的餐厅,比如龟溪大宅餐厅(the Mansion at Turtle Creek)和格罗夫兰510(Groveland 510)餐厅,就为了一探究竟,去经历一下别人的体验,去看看有什么新鲜玩意,就为了盛装打扮一番。

所以,迈尔曼的成功阐明了"清楚自己真正身处何种行业,卖给人们真正想要的东西"的智慧。

但迈尔曼还有一样成功因素是被评论员所忽略了的,而这个因素对所有营销者都很重要。没有人会质疑像已故的詹姆斯·比尔德这样只尝一口就能知道酱汁成分的人的品位。相反,我们对几乎一切事物的品质的认知——从专业意见到煎嫩小牛肉片——都粗浅。因此,我们的认知很容易受到其他东西的影响。比如说,我们之所以觉得龟溪大宅餐厅的烤鸭好吃,大部分原因是大家热烈的评论、优雅的餐厅氛围以及昂贵的价格。我们大部分人真能尝出龟溪大宅的烤鸭特别在哪里吗?尝不出。

所有跟你服务有关的视觉体验都能大大影响到客户对你的印象。这些视觉体验对你客户的影响并不浅薄,它们深深地影响到你"产品"的内在以及顾客和你的关系。

留意并完善你呈现给客户的视觉体验。

❾ 如何省下 50 万美元：营销传播与推销

▷ 如何省下 50 万美元

走进几家本地的大型服务公司，你也许能看见展示在墙上的价值近 50 万美元的众多广告宣传册。

你无法看出这些广告宣传册是哪里来的，也不知道它们属于哪家公司的？

没有两本册子看起来是一样的，也不存在强化着同一个信息的两本册子。

这些宣传册的不一致也让公司显得不一致、没有条理，从而引起人们一连串对公司不好的联想。

如果你的公司叫鲍勃服务公司，那你就会希望人们能够说"噢，那个宣传册是鲍勃服务公司的"。光靠语言是无法取得这样的效果的，因为我们的记忆主要是视觉记忆。我们记得住人的面孔，却忘记他们的名字。所以，请向客户呈现同一张脸。让你的投资物有所值。

重复向客户呈现同一个形象。这能让你显得更有条理、更专业、且更容易让人记住。

▷ 传闻证据规则

感谢辛普森杀妻案的"世纪审判"，现在有更多的人对传闻证据规则有了更多了解。

传闻证据规则令很多观众和法学院学生感到困惑，但其立足点基于一个简单的人类规则：要评估一个人话语的真假，我们需要看着那个人讲话。评审团必须要看到证人亲自作证，不能只听他们的证词。

这一法律论据陈述原则也适用于服务推销中。潜在客户需要看到你才能对你做出评判。他们想看到能够展现你内在的蛛丝马迹：你的手表——有炫耀的感觉吗？你的鞋子——鞋帮也擦亮了吗？你的眼睛——能够透露出你没全部说真话？

你在邀请潜在客户跟你建立一段关系，而他们在想的问题是——跟谁？

你是什么样的人？

这是潜在客户疑惑的问题，然而大多数的服务公司都忽略了这个问题。他们建立了公司的制度，却没有突出公司的个性。潜在客户想要看到的是有血有肉的形象，而公司却给他们看泥浆砖头——公司大楼的照片和一些公司标志，或者向客户展示一些请付费模特在公司拍的握手或在讨论重要议题的照片，然而没有人是真正在工作。

好的销售员了解更多。他们知道如果潜在客户拒绝与他们面对面交谈，只要求"一些关于你公司的介绍"，那他们很少能做成这笔生意。他们知道潜在客户一定要见到他们才会相信他们，才会购买他们的服务。

销售员明白推销服务的这条原则，这也是传闻证据规则背后的原则：人们必须要看到说话的人是谁，才会决定要不要买他们的东西。

给予你的市场营销一张人脸。

▷ 善用隐喻：黑洞现象

多年来，物理学家都在讨论一个重要的现象：引力完全坍缩的物体。

物理学家知道这些物体具有深远的影响，它们能回答"宇宙是如何形成，又可能会如何毁灭？"这一问题。

多年来，这种讨论只发生在顶尖的物理学家之间。然后某个有创意的物理学家为这种引力完全坍缩的物体取了一个更好的名字。

他称之为黑洞。

突然间，全世界都对这种现象产生了兴趣。人们被太空中有洞这种概念所吸引，鉴于太空本身似乎就是一个浩瀚的洞。太空中有一个黑色的洞，尽管太空本身就是黑色的，这个概念仍引起了无数人的兴趣。

然后人们都在讨论这一话题，科幻电影讲述着半疯癫的莽撞宇航员自杀式地冲入黑洞的故事。

"黑洞"这个词改变人们的想法。最重要的是，这个词帮助人们理解引力完全坍缩的物体是怎么一回事。

你所运用的语言很重要。一个词语或隐喻能够迅速为你的概念下定义，让你变得独一无二，让你的概念更迷人。

如果你销售的是某种复杂的东西，用隐喻简化它。

▷ 语言的衍生力量：葛底斯堡演说

战场不是英雄主义的证明，它是一个丑陋的健康危害地——一个满地尸体，深深困扰着宾夕法尼亚州州长的地方。

这个尸横遍野的地方也不是象征伟大的纪念碑。北方军队的米德将军在战争中节节败退，于是向林肯总统提交辞呈。罗伯特·李将军得以重整队伍。但米德的对手李将军做得也没好多少，他盲目进攻屠杀，铸成大错，于是也提交了辞呈。

这个战场就是葛底斯堡，但没有人看穿葛底斯堡战役的本质，除了教授美国历史的老师或者看过盖瑞·威尔斯（Garry Wills）写的《葛底斯堡中的林肯》（*Lincoln at Gettysburg*）的人。相反，大部分人将葛底斯堡视为英雄主义的象征和人们为信念献身的证明。

人们对葛底斯堡的认知和现实之间的鸿沟为何如此之大？

这归因于 276 个英文单词的葛底斯堡演说。仅用一席巧妙的讲话，林肯就几乎改变了一切——包括我们对《独立宣言》的看法、我们对过去和现在的数以百万计的美国人的看法。

林肯的演说生动形象地展现了语言的衍生力量：不仅仅是描述现实的力量，更有创造现实的力量。我们对葛底斯堡的认知已经成了现实，正如我们的认知每天都被语言所改变一样。

用"我们是第二名，所以我们更努力"这样一句新颖的话，安飞士就改变了租车业的现实。用"但它必须一夜到达"这句话，联邦快递就吞下了次日送达业务的巨大市场份额。用"个人电脑"这个词，苹果电脑让电脑走进了千家万户，并加快了文明的发展。之后，苹果又通过"桌面出版"这个词创造了一个新的概念，让个人电脑不再是广大企业不可不接受的产品，而变成了他们渴望拥有的产品。

有些语言的分量轻若棉絮，也有些语言的威力如弹头般强劲。著名的直接邮件写手约翰·卡普尔斯（John Caples）曾靠改动广告里的一个字——将"维修（repair）"改成"搞定（fix）"，就将该广告的回复率提高了 20%。

在服务这个看不见的世界里，能呈现在客户眼前的东西很少，一切都要依靠描述，语言是终极武器。空洞敷衍的语言只能引来空洞敷衍的回应，如果有回应的话。活泼、新鲜、有力的语言不仅能描述现实。就像林肯的演说一样，语言能够改变、塑造甚至创造现实。

记住葛底斯堡以及语言的衍生力量。

▷ 长袍的名字不叫长袍

数十年以前,梅西百货(Macy's)有一堆滞销的绒毛长袍。这些袍子质量很好。

然后一位叫柏妮丝·菲茨吉本(Bernice Fitzgibbon)的天才拿起了它们。

"它们不再是长袍了,"她说,"它们叫布洛德斯裙(Blotters)。欧洲人就是这样叫它们的。我也会这样推销这些长袍。"

菲茨吉本的广告让梅西百货的存货开始减少,销量一飞冲天。

梅西百货的绒毛长袍依然是绒毛长袍。

抑或不是?

有时候,一切只在于你用什么称呼。

▷ 无意义的套话

当然,你"追求卓越"。

当然，你拥有"优质服务的传统"。

当然，你"及时回应"。

以及，当然，用 20 世纪 90 年代的话讲，你具有"前瞻性"，并且"成本效益高"。

但实际上：如果一个公司用这种话向你推销，你会不会连听都不想听？你会听吗？你会相信它们吗？

不，不，不？

你不会听陈词滥调，你的客户也不会。

▷ 改善沉默的氛围

让我们以会计师事务所为例吧，它们的表现是最糟糕的。

你打电话给一家会计师事务所，让人给你寄一份宣传册。当宣传册到你手上后，你试图阅读它的内容，试图迅速找出这家事务所的卓越之处，看能否选择它的服务。

你读不下去，也不愿再试了。

只看了前三段你就会放弃，你知道上面都是泛泛而谈的空话，没有具体的事例，都是夸张的宣传，没有证据，没有趣味，只有苍白的语言 —— 特别是形容词。

这样的宣传只告诉你的潜在客户一件事：

他们觉得"你不在意浪费他们的时间"。给客户传递出这样的信息会大大损害你的利益。

每个潜在客户都希望你能够向这条新英格兰的古老谚语学习:"除非你能改善沉默的氛围,否则不要开口说话。"

说话要直击要点,否则你永远也达不到目标。

▷ 你到底想表达什么?

明尼阿波利斯市成功演说展示公司的鲍勃·博伊兰(Bob Boylan)围绕一个演说展示的概念书写了一本很实用的书,还凭此打下了一份基业,这个概念可以浓缩成一句话:"你想表达什么?"

鲍勃的出发点是:他发现大多数演说者并不知道自己真正想表达什么?

通常,他们只想表达"我想向你推销某样东西"。但对于听众来说,他们想表达的这个点显而易见,且没有意义。

大多数的营销传播也因为同一个原因而失败。他们从不告诉你他们真正想表达什么?

用一句简明扼要的话说服人们,为什么他们要光顾你而不是别人。

▷ 鲜活印象效应

正如潜在客户在做购买决定时会认为近期信息具有重要参考价值，他们也会受到鲜活信息的严重影响。鲜活的体验占据了潜在客户的大部分记忆。

没有任何优秀销售员对"鲜活印象效应"的阐述能够比得上罗斯·佩罗（Ross Perot）在 1992 年的总统竞选中的表现。为了向选民推销自己，佩罗运用了两大武器：生动形象的隐喻（三年后，人们依然记得"沉默的吸气声"这种说法），以及生动形象的图片（他那些有名的色彩丰富的图表）。

在人们已经忘记了辩论中的许多枯燥细节的很长时间后，他们依然记得佩罗所用到的生动隐喻和图表。因此，尽管他的对手因更被选民熟悉而遥遥领先，佩罗还是凭借鲜活印象效应作为他的首要营销武器，成了一个强有力的竞争者。

佩罗的武器充满想象力，但你并不需要做到他那般出众才能给人留下鲜活的印象。明尼苏达州沃西卡市的清湖印刷公司（Clear Lake Press）最近以其优异的服务创造了一个鲜活的例子。一个杂志客户需要印一款与其他印刷材料相配的订阅卡。清湖的总裁找到了一家一次就做出了完美匹配的墨水的公司（该客户之前不够幸运，试了十二次都没找到匹配的墨水）。这家墨水公司的区域经理亲自从明尼阿波利斯市开车来到沃西卡市给他们送样本，然后又开车回去——往返路程几乎有320公里。

明尼阿波利斯市贝特拉赫珠宝店的店主弗雷德·贝特拉赫为当地的另一个珠宝商做了一枚钻石戒指，他在这个真实故事中也利用了鲜活印象效应。这个故事被写在了贝特拉赫的宣传册里，贝特拉赫完成的戒指令收戒指的人大受感动，在她看到戒指的好几个小时后依然泣不成声。

（一个能够进一步证实鲜活的经验能够铭刻在人们的记忆中的事例是：我曾跟别人讲过贝特拉赫的故事，那个人仍然会这样问我："他就是那个让女人大哭的珠宝商吗？"）

你可以寻找许多给人留下鲜活印象的方法，而你也应该这么做。

利用你的语言和照片来使自己变得更加鲜活。

▷ 形象的语言

多年来，写作老师一直敦促他们的学生避免使用陈词滥调，并寻找新鲜的描写方法讲述自己的观点。

这条建议也适合用在市场营销上。

人类对新鲜新奇的事物感兴趣，而容易忽略旧事物，一些人类学家说这是人类的一个生存特征。每当某样新事物进入原始人的环境时,他必须对其进行研究,以判断这种事物是否有危害性。无论有何解释,人类对新鲜的东西有反应。这就是为什么"新"这个老词在广告中依然起作用。

不使用固定词句和陈词滥调的句子能够唤起和保持人们的好奇心和注意力。此外,新鲜的词语听起来更加真诚,让人感觉是说话者真正的想法,而不是在无意义地背诵不知道从哪里读来或听到过很多次的话语。

固定词句和陈词滥调让人兴趣全无。正如大卫·奥格威曾说过:

"你无法通过把人说无聊而让人购买你的产品。"

▷ 宣传的价值

欧洲有六座比马特洪峰高的山峰。

说出一座的名字听听。

做好宣传。

▷ 广告就是宣传

当明尼苏达州刚迎来 1994 年的第一场雪时,不巧,正临近第五届世界职业棒球赛,这时,一位潜在客户打了个电话给我。

他说非常希望能跟我合作，因为他觉得我为他所在行业的另一家公司做的宣传是一座业内高峰。

我感到很荣幸。不过虽然我不想纠正他，但是他说错了。没错，虽然我为那家公司做了一些推广工作——一整页商业杂志专题文章、在一份当地报纸的商业版块写的三段推介和在一份全国性杂志上的三段介绍。这是那家公司的要求，我们也达到了预期目标，但这并不是攻势猛烈的宣传。

那么，为什么这位潜在客户会觉得那次的宣传攻势猛烈呢？

因为我们还在同一本商业杂志上打了两大页的广告。在他模糊的记忆中，这位潜在客户分不清哪些是广告，哪些是文章，他只记得我们做了很多的宣传，而他也希望做那么多宣传。

这位潜在客户体现了市场营销的另一个原则：广告就是宣传。广告是在公共论坛上摆放信息，人们可以从公共论坛的广告中认识和了解这些公司。

如果你想做宣传，那就打广告吧。

▷ 广告产生宣传效果

一个公关人员带着一个经典故事联系了当地一家商业杂志的编辑，这个故事与无数被困在市区办公楼的美国高管的梦想相似。

这个故事讲的是一位久居美国的美国居民由于热爱他的故乡希腊,就带领了他的一些朋友去那里旅游。他的朋友十分高兴。这引起了这个男人的思考:他能靠做这个营生吗?

在经过数周的考虑和数月的尝试和磕磕碰碰后,他开始做起了生意。数年后,他建立的公司希腊历险旅行社迅速发展壮大。

但是当公关人员讲述这个经典故事时 —— 这个故事证明一句老话 ——"做你爱做的事,钱财自然滚滚而来",杂志编辑提出了多次质疑。为什么?

问题不在于这个故事没有吸引力,而在于这个故事只讲给了这个编辑听,他以前从来没听过希腊历险旅行社这个名字,虽然他信任我,但他怎么能确定这家公司的故事是真的呢?

"我不确定我能否信任这家公司,"他对自己说,"我从来没听过他们的事"。

怎样做才能让这个公关人员的工作变得简单点?打广告。如果那位编辑之前有见过希腊历险旅行社的广告(这家公司那时还没开始经常做广告),那他可能就这样想了:"这个公司是真的,那么这个故事也是真的。"

简而言之,广告能够起到宣传效果。

市场营销的构成元素不是相互独立的,而是常常以令人惊讶的方式共同协作。广告是宣传；直接邮件是广告；执行到位的一切组合宣传工作都能产生良好的效果。

如果你想取得更好的宣传效果，就多打广告。

▷ 宣传的本质

在写下本节文章时，没有任何杂志或报纸会因为太过有趣而遭受损失。

在一个充满信息传播的世界里，做一本有趣的周刊或月刊是个令人怯步的任务。编辑们迅速地接受和拒绝纷至沓来的信息，紧张的报刊在寻找合适的方案。

无论合适的方案会是什么，但不会是这种方案。刊登伪装成文章的商业广告的出版物是不会取得任何成就的。

你那种为了不用付费做广告而精心设计的典型新闻稿是行不通的。事实上，知道他们刊物可能会采用这种稿件的编辑会对你的做法感到很气愤。毫不遮掩的新闻通稿也会让作者显得幼稚、爱操纵别人——作者绝不该给任何编辑留下这样的印象。这个世界很小。

编辑真正想要的是让他们的刊物变得有趣。他们希望读者说"喜欢这篇文章"！

所以，当你想利用报刊宣传你的服务时，不要问"怎么写能突显我们服务的优点"?相反,问自己"怎么描述我们的服务能让那本刊物读起来有意思"?

如果你希望编辑帮助你,那你就先帮他们。给他们一些有趣的东西,给他们一个故事。

▷ 从威廉·F. 巴克利身上获得的灵感

所以你要获得一些宣传机会的方法就是让你的文章变得有趣一点。

不错。

所以你左盼右顾了一阵子,再一阵子,再一阵子。第二天,你叹气,"我不知道我们公司有哪些有趣的地方。"

看仔细点。

约翰·麦克菲(John McPhee)写了一部很有意思的关于橙子的书。(没错,是橙子。)

电视记者哈利·里森纳(Harry Reasoner)曾讲述了一个引人入胜的关于门的迷你纪录片。

罗伯特·波西格(Robert Pirsig)曾写了一本关于摩托车维护的畅销书。成千上万从未骑过摩托车的人照样读得津津有味。

只有很没意思的人。所谓没意思的主题是不存在的,有人曾将这些主题写得很有趣。

威廉·F. 巴克利（William F.Buckley）给这种情况赋予了另一层含义。有人曾问他有关他的脱口秀《火线》（*Firing Line*）的问题，"如果你采访的嘉宾很没意思，那你要怎么办？"那个人这样问他。

"这种事情从来没有发生过，"巴克利回答，"如果你看得够深入，你会发现 100 个人里面有 99 个人是有意思的——而那 1% 没意思的人也因为他们的没意思而变得有意思起来。"

看仔细点。有趣的点和故事就在那里。

▷ 将注意力放在购买而非推销步骤上

一些营销专家建议，在构思直接邮件方案时，你应该把一半的时间放在构思回复邮件上。

大多数的客户在听到这条引人深思的建议时都感到很惊讶，或很震惊。

这条建议之所以引人深思，是因为它反映出大多数的营销者都花了太多时间在推销这一步上，花在"购买"步骤上的时间太少了。

想一下有哪些时候你是因为商品太难挑选而放弃了购买那个商品。比如说，销售员给你提供了各种各样的选择，或者让你担心延保值不值得，或者给你提供了更多太过复杂的投资组合，让你无从选择。这些产品太难选购了。现在，想一下相反的经历。某样商品引起了你的兴趣——一点点兴趣，也不一定要买，但下单、付款、收货过程都很轻松便捷，所以你就买了那个商品。

好的市场营销必须关注购买步骤。你提供的选项够清晰易懂吗？潜在客户能否试用服务以减少风险？价格够清楚吗？购买程序轻松便捷吗？

让客户能够轻松购买到你的服务。

▷ 最有说服力的推销信息

什么有推销作用？

你能通过媒体传递的最有说服力的推销信息不是讲你销售的产品有多棒。

而是："我明白你需要什么。"

含有"我的"这种词语的推销信息是站在你自己的立场上说的。而"我明白"这种推销信息则是以你唯一的销售对象，在这场销售中起决定作用的人——买家为中心的。

找出他们想要什么。

找出他们需要什么。

找出他们是谁。

销售就是卖服务

这会花费额外的时间,但让你达成销售。

不要围绕你的服务展开销售,围绕你的潜在客户展开销售。

▷ 茫然的眼神代表什么

销售员要向你推销某样东西。你听到他絮絮叨叨地讲个不停。

他继续讲。同样的内容。你听了旋律,但没有听歌词。

最后,你有礼貌地向他说了声谢谢,并表示之后会回复他。

当然,你是不会回复他的。

你知道为什么他的推销没用。因为那个人讲的内容与你无关。他的整个讲话都是围绕他自己,都在讲他有什么,而不是围绕你和你需要什么。

一切都是以自己为中心。但你关心的是你自己。

你也知道为什么你的推销没用了吧?

谈论与他相关的内容,而不是你自己。

▷ 演说展示的第一定律:模仿迪克

14个月来,我很享受与迪克·威尔逊(Dick Wilson)一起工作的奇妙经历。

9 如何省下 50 万美元：营销传播与推销

每个人都应享有这份幸运。

迪克是演说展示的天才。

为了让大家领略到他的天才，让我说个事例：地点是富有历史意义的皮尔斯伯里宅邸的木板铺就的客厅里。乐之邦（Musicland）的高管来到卡迈克尔 - 林奇广告公司听它的销售演说。负责主导这个富有创意的演说展示的人是迪克，虽然他穿着外套，打着领带，但看起来依然像是一个刚刚修剪完草坪的人。在文案和美术指导展示完他们对乐之邦的新电视广告的创意后，迪克起来做总结。他的总结本应花五分钟。

他花了 40 分钟。迪克充满激情、天南地北地侃侃而谈。他甚至将话题切到了风马牛不相及的事情上，甚至乐之邦的高管都想拉他一把。客户们茫然无措。迪克也许有些茫然。但是，非常重要的一点是，我们的视线一次也没有从他身上移开。这不是因为迪克讲的话，而是因为他给我们的感觉。

迪克很重视。他相信自己所说的话，也很重视乐之邦的广告，希望帮助乐之邦卖出数以百万计的唱片。在这个以圆滑著称的行业里，迪克就只是迪克。一切都是没有事先安排好的——这样一个演说怎么可能是事先安排好的？没有机敏地一一提及事先得知的各位乐邦高管的趣事。没有创意十足的高级领带、没有装模作样的言行、没有态度——没有任何客户想象中的一位拿过大奖的创意总监应有的样子。

迪克之所以能够连续赢得这个和其他四个重要销售演示，取得双子城最好的广告获奖记录，原因有四。

他粉碎了刻板印象。

他从不装模作样。

他冒着展示真实自我的风险。

他重视客户，而且充满激情，并向客户展示了他有多重视。

你应该见他一面。

你应该模仿他。

▷ 企业使命宣言

正如有很差的电影、书、电视节目和其他所有东西一样，也有很差的企业使命宣言。但这并不意味着企业使命宣言肯定会写得很糟糕，或者说撰写企业使命宣言就是一件很笨的事。好的企业使命宣言是有价值的，哪怕仅是为了向员工展示彩虹末端的金罐子也好。

但是企业使命宣言并不属于市场营销传播。企业任务宣言是要告诉别人你要走向何方——你的战略性目标，而优秀的公司就像优秀的将军一样，从来都不会提醒你的竞争对手你要往哪里走。此外，一份好的企业使命宣言描述的是将来，而不是现在的状况，而潜在客户想知道的是你现在的状况。

写一份企业使命宣言，但不要对外传播。

▷ 企业使命宣言应该是什么样子，必须包含哪些内容

将你的企业使命宣言写得具体一点，告诉员工和股东你的确切目标。如果你说："我们要去旧金山市，"那大家就知道目标是什么，并能做好进度安排。如果你说："我们要去西方，"那大家也许会觉得走5公里后他们就会达到目标。

员工想要这些方向。没有什么比含糊的行军命令，又没有地图更令员工感到困惑，更能打击他们的斗志了。

所以每份企业使命宣言后面一定要有一份包含具体可测量目标的说明。给员工一个清晰的指示，这样他们才能知道完成这些短期目标对实现最终目标有何帮助。

画一张清晰的地图，在每份企业使命宣言后面附加一份具体的目标说明。

▷ 何时该叫停一份企业使命宣言

测试企业使命宣言有没有效果的方法很简单。一份使命宣言必须要引起变化，必须要对员工的行为有所影响。

在向众人公布了企业使命宣言的三周后，问五个员工：在过

> | 销售就是卖服务

去三周内,你有没有因为使命宣言而做了某些与以往不同的事?

还有就是你有没有可能在接下来的三周做出任何改变?

如果你得到了十个否定的答案,那就把你的企业使命宣言扔掉。

如果你的企业使命宣言没有效果,那就毙了它。

▷ 真正销售的是什么

"在工厂里我们制作的是香水,"露华浓的创始人查尔斯·雷夫森(Charles Revson)曾这样说,"但在商店里我们贩卖的是希望"。

我们都是如此。无论在哪里,人们都在购买快乐,或者怀有这样的希望。

在我们的国家里,快乐如此重要,因而在我们的《独立宣言》里,追求快乐的权利与生命权一样,被视为人类不可剥夺的权利。

人们希望获得笑容,并愿意为此慷慨解囊。

一群杂志编辑坐在一旁回顾哪几期是今年比较畅销的。而畅销的几期几乎总是更快乐、更充满希望的。

评估同一家服务公司的不同直接邮件的效果。文风最积极向上的邮件总能收获最好的效果。(这就是为什么一位直接邮件文案高手曾这样建议其他写手,"在你感到担心时,永远不要动笔"。)

我妻子曾推荐一部典型的瑞典悲情片给一位同事看。她的同事说,"拉倒吧,如果我想不开心,我只要打开我的支票簿就行"。

新秀丽（Samsonite）曾做了一个非常有创意的获奖广告,讲的是新秀丽的行李箱被扔出飞机,但落地后毫无损失,突出了它的坚固耐用。但不幸的是,这个广告也让人想到了坠机事件,所以销量反而下滑了。

现在的后备厢贴鼓励人们随手行善。"使人微笑，"有些后备厢贴这样写道。

我们想要得到更多笑容。

将你发给客户和潜在客户的所有东西都看一遍。

你有什么感觉？

有给人快乐,或者希望给人快乐的感觉吗？

最重要的是,销售希望。

10

抓牢手上的东西：
维护客户

▷ **企业与客户的关系账**

"大客户更换合作机构,"《广告时代》(*Advertising Age*)的每月标题这样写道,在文章的第二段你还常常能看到一句发人深省的引语。

被客户换掉的那家公司的总裁说他感到很"震惊"。"我们史密斯 & 史密斯公司的工作一直做得很好。这个客户说过她很高兴的。这真的很令人惊讶。"

这位总裁的惊讶很真实,这也是他所存在的问题。

他的问题源于服务关系的本质。除非史密斯 & 史密斯这样的服务公司格外注意,否则这些公司和客户的关系账户始终处于赤字状态。服务公司始终亏欠着客户,而这些公司并不知道这一点。

从史密斯 & 史密斯公司赢得这个客人的单子的第一天起,该公司就欠下了这笔人情债。"赢得"暗示着史密斯 & 史密斯公司的人认为他们已经做成了这笔生意。但西奥多·莱维特曾力证:客户的观点截然相反。史密斯 & 史密斯公司并没有做成那笔生意，它只是取得了做这笔生意的资格。那位客户承担下了所有的风险，所以他觉得他帮了史密斯 & 史密斯一个忙。他买了一样该公司还没有提供给他的东西。而当他得到那样东西时，其结果可能很差，或者花费很高，或者两者皆有。

所以这时史密斯 & 史密斯和这个客户的关系账户就已经是赤字状态了。它欠了这个客户一个人情。

然后史密斯 & 史密斯开始为这位客户提供服务，比如说，为电视预告做了剧情梗概图，并给客户寄去了账单。正如会计师和律师的客户并不知道他们接受到的服务是否对得起他们所付的价钱，这位客户也不确定他收到的东西质量如何。他只知道他为了某样价值未知的东西花了很多钱，而那样东西还没产生任何收益。这时史密斯 & 史密斯公司欠了这个客户两个人情。

史密斯 & 史密斯很快又要加重关系账户的赤字状态。人们总会犯错，而史密斯 & 史密斯的吉姆就犯了一个：他没有依照前台约定的时间及时回复客户的电话。无论是谁的错——无论是吉姆、前台，还是这个客户听错了，史密斯 & 史密斯公司这时欠的人情都变成了三个。

史密斯 & 史密斯的总裁时不时会向这位客户示个好，比如说，他会在圣诞节时给客户寄一份歌帝梵巧克力。但这位总裁弥补不了人情账的赤字，因为他寄巧克力的速度比不上那些无法避免的错误发生的速度。如果史密斯 & 史密斯的关系账户是盈余状态的话，那大多数的客户也就会忽视这些错误。但是，和大多数服务公司一样，史密斯 & 史密斯的关系账户是赤字状态。因此，这些错误被记入了关系账户的借方栏里。

史密斯 & 史密斯的所有人都没意识到他们欠了这个客户多少人情债。服务公司总是最后一个知道的，大概是因为大部分人都不喜欢与人发生冲突，所以客户常常只是将不满埋在心底而没有说出来。服务公司认为"沉默是金"，他们觉得没有收到投诉就说明他们和客户的关系保持良好，但实际上却是越来越差。

这种关系赤字还存在于其他重大的关系中——婚姻关系。在两种关系中，账务都在另一方不知情的情况下越堆越高。然后某一天，心灰意冷的配偶或者客户宣布他已经受够了。而另一个配偶和史密斯 & 史密斯只感到无比震惊。两者都不明白独特的关系账户是怎么一回事。

注意你关系账户的资产负债表，将它的情况设想得更差，然后好好处理。

▷ 那天过后——为什么说签下业务可能是失去业务的第一步

仅凭向潜在客户承诺奇迹的发生，你就能赢得大批生意。

在这样做之后，你的一个新客户就迫不及待地等你实现承诺。也就是说，你碰上了一个很难搞的客户。

就算你把工作做得不错，但依然有一个客户对你感到失望。因为他期待的不是不错的工作，而是超一流的工作，这是你承诺过的。

这个现象是收账公司的烦恼之源，也解释了为什么这个行业那么不稳定，总有新客户取代逃跑的老客户。销售员向客户做出充满激情的推销演说，然后客户签单，销售员接下客户的委托，于是客户就想着那些可恶的老赖总算能还钱了。

但那些老赖还是没有还钱，只有约 21% 的人还了。

收账公司的潜在客户是否曾听说过就算是一家很好的收账公司，也只能收回少于 30% 的未偿还债务吗？没有。所以 70% 的潜在客户感到了失望，于是又换了一家收账公司。

如果你让客户觉得你的能力高于你的实际水平，那她最后肯定会失望。甚至更糟糕的是，她会觉得你误导了她，或者你说了谎。

拿下那样的业务并不值得。一个认为因为你说了谎而令他感到失望的人，通常会将这件事告诉另外三个人。突然，一笔不错的销售就变成了四个问题。

如果你不能满足，就不要提高客户的期望值。

▷ 期望值、满意度和夸张宣传的危害

什么会引起客户的不满？

不是绝对意义上的"糟糕"服务。你寄一封信去纽约，需要三天的时间，这算糟糕的运送服务吗？如果这是一项次日送达服务，那这是糟糕的运送服务。如果这是传真，这是可怕的服务，但是送信的话，还可以接受。这是符合你预期的服务水平，所以你感到满意。

客户的满意度是她的期待值和她得到的东西之间的差距。低于期待值，她就会产生不满——中间的差距越大，她的满意度就越低。

这就意味着，最容易导致营销员自寻死路的营销武器就是夸张宣传。很少有营销员能够抵挡得住采用夸张手段促进销售的诱惑。但这是长久之计吗？

问问 IBM。1983 年，IBM 在推出名为 PC Jr. 的电脑时采用了许多毫无特色的夸张宣传。这些宣传让许多美国人相信了这款新电脑也会是不错的 IBM 个人电脑。

人们的期望值被提得很高。一直有着谦虚形象的这样一家公司如此宣传，令人们的期望值越加升高了。

PC Jr. 电脑永远也达不到人们的期望值。试用过这款电脑的人感到了不满，因为它的表现与 IBM 宣传的相差甚远，远远

销售就是卖服务

低于人们的期望值。

由于这次惨痛失败，IBM 失去了大批客户的信任。就算 IBM 在 PC Jr. 后真的推出了一款革命性的电脑，也不会有太多的人相信它，IBM 已经失去了能让人相信它这种言论的信誉。直到 7 年后，IBM 才凭着一款令人惊喜的产品——PS 1 重返正轨。

这种事也容易会发生在你身上。

要提高客户的满意度，你必须小心处理好他们的期望值。

▷ 你的老主顾是圣人

她选择了你。

她支付了昂贵的门票、你最爱的 CD 和你孩子上大学的部分学费。

她容忍了你的错误（比你知道的还多）。

她用她的金钱、名声和平静的内心冒了很大的险。她甚至将她的整盘生意都压在了你身上。

她以笑容迎接最糟的情况，以笑声面对最好的情况，向别人宣扬你的优点。

所以现在你疑惑，我该给她打电话吗？

我应该有负债感吗？

我应该关心她吗？

我该告诉她我的谢意吗？如果我真要告诉她，我该多久跟她说一次？

你告诉她再多次你的谢意、你的关心、你的感激都没关系。

在她做了这么多付出后——比你知道的还要多，你怎么感谢她都不为过。

而你可能还谢得不够多。

你的父母说得没错。要常常说谢谢。

▷ 表达感谢

我们会跟某人说我们对他感激不尽。

我们说得没错，我们道不尽我们的谢意。

所以继续不断地感谢。

没有什么比收到别人的感激更令人愉悦，但很少有服务公司向他们的客户表达了足够的谢意。

你去年寄出了多少张感谢卡呢？给你一个建议：今年多寄一倍。

不断地感谢。

▷ 你的礼仪去哪儿了？

我们收到的感谢太少了，所以我们渴望更多。感谢越是罕见——确实是越来越罕见了，我们就越珍惜我们收到的谢意。

一个全国性的大型慈善机构请求一个在职妈妈募款。她边走边抱着六个月大的儿子，一共募集到 160 美元，比去年募款最多的人多了 60%。回报她这三个晚上的付出和她自己捐出的 30 美元的是，那个慈善机构再也没找过她。

三周后，一个专业协会邀请一个男人为它的一日研讨会作主题发言。那个人说他得牺牲一天探望他母亲和妹妹的假期时间才有空去。专业协会再三恳求，于是他就好心答应了。

结束假期后他从西海岸归来，被滞留在了丹佛一段时间。到达明尼阿波利斯市后，时间刚好来得及，他匆忙赶到会场，喘完气后就开始发表演说。观众的反应很热烈，研讨会的主持人却没什么反应。事后，他们给 13 个演讲者每人寄了一封只有四个句子的通用感谢信。

五周后，一个知名的艺术机构请求一个杰出的专业人士空一晚时间出来免费为它提供咨询服务。她答应了，匆匆结束晚餐后便早早到达那里。一周后，和其他三个贡献者一样，她收到了一封两段的通用感谢信和一张证明，凭这张证明，若她在任何艺术商品购买超过 50 美元的东西，可以打八折。也就是说，这个艺术机构感谢这个女人空出一整晚的家庭时间和价值 435 美元的专业意见的方式，就是让她在下次购物时获得些许优惠。

你对这些服务机构有什么感觉？

而这些人的经历也引起了我的疑惑。

这些机构知道它们给别人留下了怎样的印象吗？知道它们这样做会造成什么后果吗？

我们忘记了跟你说谢谢了吗？那你有忘记吗？

你对人们表达了足够的谢意了吗？你确定吗？

▷ **做好失败的准备**

拥抱你自己。

一般的客户分不出服务公司什么时候表现好。他不知道励志演说家的发言是否真的激励了销售人员，裁缝师是否对西服做了完美的修改，能够让人穿在身上很好看，或者律师是否提出了能让另一方输掉官司的诉讼申请。

但是一般的客户善于分辨一个演讲是否平淡无奇，能够轻易看出裤腿长了 1/4 英寸，可以很快知道法庭否决了他的律师的诉讼申请。

简言之，很少有客户知道服务公司什么时候表现不俗，但他们全部知道服务公司什么时候表现不好。

因此,服务营销需要面对一个令人沮丧的重要事实:服务营销更容易遭遇失败。

雪上加霜的是,大多数服务机构都没有与客户建立起深厚的关系——只是一起开过几次会,吃过几顿午餐的关系。把这些时间全部加起来也比不上两场约会的时间。遗憾的是,信任的建立需要时间——比两场约会的时间还要多。所以服务公司的失败——比成功明显得多,会慢慢侵蚀客户对它本就薄弱的信任,而信任是一段关系的核心。

鉴于你的失败总是显而易见,而大多数的成功却无人知晓,那你应该怎样做?

宣传你的成功,将你取得的成功表现给客户看。

如果你比最后期限提前了两天完成工作(不错的想法),确保让客户知道这一点。

如果你提前了7%的时间完成工作(更不错的想法),确保让客户知道这一点。

如果你对自己取得的某些成就感到特别骄傲,确保让客户知道你的成就。

你指望客户知道你工作有多努力、你有多重视与他的合作、你的表现有多好。客户常常是最后一个知道这些事情的人。

确保让你的客户知道。

▷ 满足感与服务

你如何做才能让客户对你的服务感到满意。当你用自己购买产品的亲身经历做比较时，你会发现这有多难。

比如说，你决定要买一辆车。我们的世界离不开车，因此我们需要一辆车。如果你是一般人，你还会渴望拥有一辆车，甚至也许特别垂涎某一款：皮革座椅、特别的外观装饰、六层车漆涂层以及这辆车传递的信息。

当你买下这辆车，把车开出车行的那一刻，你感到了心满意足。这辆车就是你想要的。

在你买下了一个产品后，它的存在会不断强化你的满足感。例如，你的高尔夫球。你对泰特利斯特图尔（Titleist Tour）系列型号 100 的橡胶高尔夫球垂涎不已，然后买了下来。每次你清洗和擦拭这个球时，白底白花样的球面都吸引着你，又重新令你感到满足，提醒着你当初买这个球真是买对了，看看你现在有多满足。每当你打出一个好球，看着这个球在空中飞出一条弧线，最后轻轻落在遥远的草地上时，你又被提醒了一次。这个高尔夫球不断令你感到满意，就像那辆车，一件好看的毛衣，或者你家里那台大屏幕的电视机一样，每次看到它们都令你产生满足感。眼见为实，你亲眼看到的东西能够勾起你的满足感。

现在，你要做一个截然不同的决定：你也许需要购买一项服务。比如说，你的屋顶漏水了，或者牙疼。你很少渴求某项服务，或者几乎从未对某项服务心心念念过。事实上，你将很多服务视为魔鬼——你必须聘请帮你解决争端的律师，你必须留用的会计师，因为你解决不了复杂的账目，你必须购买的保险以防灾难来袭。在大多数情况下，当你选择一项服务时，你的渴求感和热情，以及满足感都没有那么强。

不像购买的实物产品，你看不见你购买的服务以及使用它们的景象。它们不会一直在你眼前，令你不断产生满足感，鼓励你再次购买。隔壁家男孩修割过的草坪隔几天又需要再次修割了；牙医补过的牙不再疼了，但补牙没什么值得让人感到满足的，补好的牙也不会让你想起良好的牙医服务。你必需的保险只是一份静静待在某处的文件，对你没有任何影响。你对它们产生的满足感只存在于记忆当中。

所以一般的服务公司——就像你的公司一样，缺乏存在感，没能让客户意识到他们还在享受着这些服务提供的好处——管道现在流通得很好；保险能为唯一受益人提供必需的伤残保障；合同附录保留了作者对其著作的宝贵权利。修好管道的房主头几天会感到很满意，但很快就会忘了这种感觉。企业主和作者也许有一天会对签下的合同感到满意，但现在，他们甚至意识不到这项服务的存在，更别说满不满意了。

10 抓牢手上的东西:维护客户

既然一般的产品买家产生满足感和一般的服务买家产生满足感的差异如此巨大,那么服务营销者该怎么做才能让客户感到满意?

突出存在感。广告和宣传能够勾起客户或者以前客户对你做的服务的记忆和满足感,让他们确信你还在他们身边,且业务做得有声有色。给客户看到你是如何为其他人提供满意服务的,从而让他们也油然生出一种满足感。宣传你的成功经历:赢取的新客户、取得的新成果、新得的奖、新获得的认同、新收获的表彰、员工人数和收益的增长。

一个产品能够不断向购买者提醒它的好处。你也必须适度地这样做。

所谓眼不见,心不念。

11 速效对策

▷ 做好小细节

最近我帮一位客户面试了三个工程承包商。

我已经肯定了他们每个人都是有实力的,这也是我为什么选了他们三个。

选出最好的应试者的方法很简单。我聘用了面试后第一个给我写回复信的人。

常常,比我们想象的还要常见,这就是决定你是否达成一笔交易的因素。不是卓越的知识、不是高超的才能、不是经年累月的经验,而是一些微不足道的细节,比如就是一封短小却周到的信。

▷ 一通电话

法龙麦克艾里哥特广告公司(Fallon McElligott)的广告做得很有创意。这意味着该公司的人也有创意。而有创意的人是很难相处的,都是自我意识很强的人,别人随时可能伤到他们的自尊。如果请他们做广告会花很多钱呢？

不管怎样，以上是人们的刻板印象。

几年前的夏天，我决定我的三对三篮球队迫切需要杰米·巴雷特的加入，他身高 1.95 米，会打前锋，也是法龙麦克艾里哥特广告公司的文案。所以在我意图招纳杰米加入球队和后来我们打比赛的期间，我经常在他上班时给他打电话。

电话响一声，我就打通了法龙前台的电话，再响一声就转到了杰米那里，瞬间杰米就接起了我的电话。这可能是世界上最快的电话系统。我头三次打过去时都还没准备好讲话，我没想到杰米会这么快就接了电话。

这些电话给我留下了非常惊艳的印象。

三次通话都只花了三秒就接通了，这让我确信法龙真的是做服务，它让你感觉受到尊重、受到重视。对一家服务公司来说，这点很重要。这些通话告诉我法龙的员工不是一群目无纪律、自高自大、将客户视若无物的人。

令人惊叹。三秒。

现在我正在告诉全世界。许多个城市的人将会读到这本书，然后知道法龙为客户提供的是绝佳的服务和富有创意的广告。

这样的服务无论花多少钱都值得。

你的生意应从第一通电话做起。你做得怎样？

▷ 速度

生命就是快速地奔跑。戴顿哈德森公司（Dayton-Hudson）的董事长引用《未来的冲击》（*Future Shock*）里的一句话激励员工："速度就是生命。"当喜剧演员史蒂夫·赖特（Steven Wright）面无表情地谈起他的微波壁炉时，他道出了现在的生活节奏："你只需花 8 分钟的时间就可以在壁炉前待一个晚上。"

对很多人来说，这个世界似乎被这种不正常的速度所驱动。我们用传真代替了邮寄，习惯了匆忙。我们似乎真的想拥有微波壁炉。

这种速度没有逻辑可言。

争论也没有意义，因为世界就是在快速地运行。

跑快一点，更快一点。

▷ 承诺下午送出，实际上午送出

第一次，你需要为客户寄送某样东西时，试试这样做：跟他说，你会在下午 1 点时寄出，然后实际在上午 11 点就寄给他。

下一次也这样做。

现在你有钱在银行里。你也许会需要用到这笔钱，当你有需要时你会很高兴你拥有这笔钱。

承诺下午送出，实际上午送出。

▷ 自我提醒

我突然想到一句话。我拿起一支笔，在一张黄色的便利贴上匆匆写下我业务的首要价值：

让每个客户每天都感到很快乐。

出自一本自助书，很老套。没什么特色的一句话。
这句话甚至让我感觉很尴尬。
但它确定有效。
它改变了我说话的方式、我的语气（感觉我在笑着说话）、我说话的内容，还让我可以更好地倾听别人的讲话。

现在，这张便利贴被我的其他文件压住了，但我说话的方式、我的语气和我的聆听方式有变化吗？坦白说，不一样了。

所以，不妨做某件老套的事。把提醒自己的话贴到你的电话旁。

▷ 提高销售员水平的最快方法：优化信息，而不是信使

克利福德只花 15 秒就能说服你的孩子去考耶鲁大学。

朱蒂能够充满激情发表她对堕胎的观点，让整个房间的人静静地听她讲话。

弗雷德说服了他 11 个朋友去买乐伯乐的鱼饵。

然后我问这家证券公司的主管她这三个同事的工作情况如何。我问他们是不是很擅长推销？"噢，他们表现得还行。"我又问他们现在的业绩好不好。"不太好，不太符合我们的预期。"

问题出在哪里？

除了个别例外，问题通常不在员工身上。与大多数人一样，克利福德、朱蒂、弗雷德非常擅长推销他们自己有信心的东西。这家公司的销售问题其实出在了市场营销上：找出自己的独特优势，制定有力的卖点，让销售员成为产品的忠实信徒——这家公司没能做到这点。

当克利福德、朱蒂、弗雷德被派去向潜在客户推销时，他们一开口就底气不足。他们的推销信息说得模棱两可，感觉他们并不真正信服他们说出口的话，自信不足。这并不奇怪。清晰的观点是每个成功演说的关键。如果你很相信自己的某个观点，那几乎可以确保你能将演说做好。

你公司的销售员拥有这样的清晰观点吗？也许有些人有。

但如果你的公司还没明确自己的独特优势，并制定针对客户的有力卖点，那大多数的销售员并无法有效地推销你的方案，原因很简单：你还没做好你的方案。

要改善推销员的工作表现，先优化你的推销信息。

▷ 自我投资

你跟商业人士说"风险"，他们听到的是"钱"。

有时候，他们是对的。但是人们承担的许多风险即使失败了，虽然得不到相应的奖赏，但并不需要付出金钱的代价。这些风险是个人风险。

设想一家服务水平优异的公司有一个主管，该公司的服务很优秀，但业绩只是还不错。为什么？因为这个主管不愿意为了销售产品而承担个人风险。一大批参加会议的潜在客户来到了镇子上。但主管由于害怕冒险去见一大群陌生人，他在会议召开那天"生病了"。还有一次，有个人介绍了镇子上一个不错的潜在客户给这个主管。但这个主管一次也没给这个潜在客户打过电话。

盖尔·希伊（Gail Sheehy）在她的著作《开拓者》（*Pathfinder*）中阐明了承担风险的回报。希伊刚开始是要研究那些真正对自己的生活感到满意的人的秘密。她想知道是什么让这些人产生

11 速效对策

这种强烈的幸福感。希伊了解到"幸福指数高的人"有一些共同的特征,这是其中一种:

> 他们全部承担着一个巨大的风险。

推销一项服务需要冒着个人风险。你也许会太纠缠不休,你也许会被拒绝。(不,你一定会被拒绝。)人们不回复你电话。你承担着晚上回到家,独自伤心失落的风险。

但是当你的那些努力有了回报后,你就会问自己:我为什么不一开始就这样做?

冒险并不总是意味着要用你的钱来冒险,有时候,是用你自己来冒险。

用你自己来冒险。

▷ 冲撞原则

库尔特·冯内古特(Kurt Vonnegutt Jr.)的《罗斯沃特先生,上帝保佑你》(*God Bless You, Mr.Rosewater*)一书含有一个对每个营销者都有用的优秀建议。

老罗斯沃特先生意识到他的儿子艾略特没有取得巨大成功的头脑和才能,于是就根据当时的情况给了艾略特一条最好的建议：

"有朝一日，大量金钱会转到不同人的手上，确保你也在其中之列。"

当一个很有才华的平面设计师请我为她的新业务提供意见时，罗斯沃特先生的建议激发了我的一些灵感。

我对她说："尽管走出去试试吧。走到机会的面前，让它向你撞来。"

这句话也适用于每个服务营销人员。就算讨论了所有提高服务质量、市场定位、调研、定向直接邮件的问题——所有这些市场营销的艺术和科学，但是发展业务的机会也许就在某天下午，你恰巧坐上的飞往纽约的航班上。

人们不想把很多天时间花在做决定上。他们的时间有限。《过度工作的美国人》（*Overworked American*）之类的书表示他们每年拥有的闲暇时间变得越来越少。如果人们见到你，喜欢你，那么他们很快就会聘用你。毕竟，还有些人在第一次约会时就向对方求婚了。做生意的人的效率甚至会更快。

走出去，几乎任何地方都可以，让机会朝你撞过来。

▷ 总结

你向一组人概述了一个经营问题。

金融人员说这是个资源问题。

人力资源部的人员说这是个人事问题。

科研人员说这是个信息问题。

而营销人员说这没问题——只要提高一倍预算就行。

但是实施更多优秀的营销工作并不能解决所有的经营问题。例如，尽管麦当劳的营销工作如此出色，但要不是它的房地产策略，麦当劳现在可能已经破产了，而它的房地产策略占了麦当劳大多数的收益来源和 88 亿美元的账面价值。虽然出色的营销活动帮助联邦快递树立起了次日送达的品牌形象，但要不是弗雷德·史密斯在华盛顿做了出色的谈判和游说工作，联邦快递不会有如此迅速的发展。要不是联邦快递拥有强大的后勤管理系统，该公司所做的营销活动可能已经毁了自己。受到了广告吸引的无数人将会发现次日送达服务根本就做不到，然后他们会告诉他们的朋友，联邦快递的名声就会毁于一旦。

若想让你的服务事业取得巨大成功，你必须将所有环节都安排妥当，而市场营销只是其中的一环。

但是市场营销是非常重要的一环。以美国运通为例：1972年，你可以将美国运通的整个市场部门赶进一个公交车候车厅里——只有 15 个人和四百万美元的预算。而今天，很少人数得清整个市场部门有多少人，光是广告预算就超过 2.1 亿美元。

而这笔钱花得物有所值。奥美广告公司做的"你认识我吗？"和"出门别忘了带上它"两个广告出色地聚焦和传达了美国运通的市场定位和状态，将该公司推到了一家普通公司永远也达不到的位置。

本书还用了十来页的篇幅讲述了服务品牌的重要性。如果是在五年前，这本书肯定不会提到这个内容，因为我那时深深地受到了所有关于品牌没落的流言的影响。然后我看到了很多品牌服务公司打败了许多优越的非品牌公司，除了归功于它们的品牌优势外，没有其他明显原因。

现今我们听过很多关于服务质量的话题。但对于客户来说，服务质量在很大程度上是——我又要提到这个词了——无形的。出于市场的考虑——吸引和留住客户，而潜在客户和客户只能通过自我感受来评估服务质量，所以服务公司应该"加深客户对你的认知"：提高你的服务质量。但别忘了，一定要让潜在客户和客户能够感受到你的质量。

比如说，当我们入住酒店时，我们知道我们的房间已经被打扫得一尘不染。我们之所以抱有这种认知不是因为那个房间真的一尘不染。西奥多·李维特曾敏锐指出，我们相信那个房间一尘不染，是因为酒店用纸巾将每个杯子紧紧包裹起来，马桶垫也盖上了消毒纸。我们看不到质量，但我们看到了这些代表质量的符号，它们说这是"干净的房间"。打动我们的不是酒店的服务质量，而是酒店对其服务质量的推广。

我们选择一项服务的方法常常是没有逻辑的、相当随意的，反正不是由理性和性价比所导向的行为。这就意味着你别想指望能够靠着优越的服务质量和不错的性价比来抢占市场。美国运通的成功说明了这是行不通的。

服务的对象是人。所以服务公司的成功取决于它们与客户的关系。客户是人类——会令人受挫、不可预测、偶尔近乎疯癫，但你能发现人们身上的一些固定模式。你对这些模式了解得越多，就越能明白人们的感受，就越容易取得成功——而这本书的宗旨就是希望能够帮助你达到这个目标。

出版后记

越是在发达的经济体内，服务产业创造的产值占经济总量的比重越高，服务类公司的从业人员也越多。即便是在传统的制造行业，服务营销人员对公司整体效益的促进作用也愈发明显。能否提供高质量的服务，攸关一个公司乃至一个产业的成败。

美国经济无疑是最发达的服务型经济，本书作者作为美国备受推崇的服务营销大师，其浸淫美国服务营销领域超过20年，与包括4家美国最好的服务公司在内的众多卓越企业深度合作，其积累的服务经验价值非凡，这些点滴经验尽数收归于本书了。

这本书不是一本教科书，不会从零开始教你如何一步一步做服务。而是在高度领会服务营销的本质之后，总结出来的做好服务的简单原则。这些原则贯穿于整个服务流程，在实际服务营销过程中每一个需要做抉择的环节，这些原则都将是弥足珍贵的路标。

这本书是写给服务营销从业人员的，唯有具备了基础的服务营销知识和工作经验的人士，才能更深地体会本书的真正价值。

这本书还是写给公司管理层、工程师，乃至几乎所有岗位的职业人士的，须知顾客为某件产品所支付的价格，只有一部分是支付给实物的，还有相当大的部分是支付给服务的，高质量的服务需要公司所有部门的人员通力合作才能实现。作为非服务营销职位的人士，不必从头学习服务营销的课程，这本书里遍布实用的知识点，足以应付日常工作中的大部分问题。

服务热线：133-6631-2326　188-1142-1266

读者信箱：reader@hinabook.com

后浪出版公司

2018 年 8 月

图书在版编目（CIP）数据

销售就是卖服务：突破营销困境的黄金法则 /（美）哈利·贝克维斯著；吴欢欢译 . -- 南昌：江西人民出版社，2019.5（2019.8 重印）
 ISBN 978-7-210-11162-7

Ⅰ. ①销… Ⅱ. ①哈… ②吴… Ⅲ. ①市场营销—研究 Ⅳ. ① F713.3

中国版本图书馆 CIP 数据核字 (2019) 第 022043 号

Selling the Invisible: A Field Guide to Modern Marketing
Copyright © 1997 by Harry Beckwith
This edition published by arrangement with Grand Central Publishing, New York, USA.
All rights reserved.
Simplified Chinese copyright © 2019 Ginkgo (Beijing) Book Co., Ltd.
简体中文版权归属于银杏树下（北京）图书有限责任公司
版权登记号：14-2019-0013

销售就是卖服务：突破营销困境的黄金法则

作者：[美] 哈利·贝克维斯　译者：吴欢欢
责任编辑：冯雪松　胡小丽　特约编辑：高龙柱　筹划出版：银杏树下
出版发行：江西人民出版社　印刷：北京盛通印刷股份有限公司
889 毫米 ×1194 毫米　1/32　8.5 印张　字数 150 千字
2019 年 5 月第 1 版　2019 年 8 月第 2 次印刷
ISBN 978-7-210-11162-7
定价：48.00 元
赣版权登记字 -01-2019-42

后浪出版咨询(北京)有限责任公司 常年法律顾问：北京大成律师事务所
周天晖 copyright@hinabook.com
未经许可，不得以任何方式复制或抄袭本书部分或全部内容
版权所有，侵权必究
如有质量问题，请寄回印厂调换。联系电话：010-64010019